유동론

야나기타 구니오와 산인

가라타니 고진 | 윤인로 옮김

도서출판 b

| 일러두기 |

1. 이 책은 柄谷行人, 『遊動論』, 文藝春秋, 2014를 옮긴 것이다.
2. 원문에 윗점으로 강조된 것들은 모두 고딕체로 표기했다.
3. [ ] 속의 내용은 옮긴이가 삽입한 것이다.
4. 옮긴이의 주석은 '(역자주)'라고 표기했다.
5. 책 속에 등장하는 인물들의 간략한 이력은 책 끝에 「인물 소개」로 따로 묶었다.

유동론

YUDO–RON: Yanagita Kunio to Yamabito
by KARATANI Kojin

| 차례 |

제1장 전후의 야나기타 구니오 ·········· 9

1. 전중에서 전후로 ·········· 11
   '일국민속학'의 저항 I 나카노 시게하루와의 대담 I 농지개혁에 의한 좌절
2. 야나기타의 패배 ·········· 24
   전시 하에 쓴 『선조 이야기』 I 오키나와로 향한 이유
3. 농민=상민의 소멸 ·········· 32
   요시모토 다카아키의 야니기타론
4. 비상민론 ·········· 36
   상민론에 대한 비판 I 아미노 요시히코의 작업 I 노마돌로지와 일국민속학

제2장 산인 ·········· 47

1. 근대와 근대 이전 ·········· 49
   '경세제민'이라는 이념 I 히라타 아츠타네의 신관이었던 친아버지 I
   신토와 민속학
2. 농정학 ·········· 61
   야나기타의 협동조합론 I 기근의 기억 I 우자와 히로후미의 경제학
3. 화전수렵민의 사회 ·········· 73
   시바 촌의 '협동자조' I 산인의 사상

제3장 실험의 사학 ·········· 81

1. 공양을 바치는 것으로서의 민속학 ·········· 83
   민속학과 민족학 I 하이네 『유형에 처해진 신들』
2. 산인과 섬사람 ·········· 90
   '고립된 섬의 고통'을 발견함 I 식민지 지배의 고찰 I 선주민과 농민

3. 공민의 민속학 ·· 103
   야나기타는 '산인'을 포기하지 않고 있다 | 식민지주의에 대한 저항

4. 민속학과 사학 ·· 110
   '농촌생활지'와 아날학파 | '일국민속학'의 조건과 가능성

5. 오오카미와 '작은 자' ··· 119
   늑대에게서 본 유동성 | 신사합사에 대한 반대 |
   '작은 자들'을 향한 시선

제4장 고유신앙 ·· 129

1. 새로운 고학 ·· 131
   신토의 원시형태에 관한 연구 | 야나기타의 노리나가 비판 |
   고유신앙과 불교

2. 고유신앙 ·· 139
   조상혼과 살아 있는 자 간의 상호적 신뢰 | 호수제와 적대성 |
   고유신앙과 유동민의 사회

3. 조상혼 신앙과 쌍계제 ······································ 149
   모계제를 향한 의심 | 모계인가, 부계인가, 쌍계인가

4. '장'으로서의 '이에' ·· 154
   일본의 근저에 있는 쌍계제 | 혈연과 관계없는 '선조'

5. 오리쿠치 시노부와 야나기타 구니오 ················ 162
   신토의 보편종교화 | 유대교는 어떻게 호수적인 관계를 넘어섰던가 |
   오리쿠치는 선조숭배를 부정하고 교조를 대망했다

6. 고유신앙과 미래 ·· 170
   신에 대한 두 종류의 신심 | 현실의 조상혼 신앙에 입각했던 야나기타 |
   인도에서 '고유신앙'을 탐구했던 오로빈도

보론: 두 종류의 유동론 ·················· 179
  1. 유동적 수렵채집민 ·················· 181
     순수증여와 호수적 증여 | 유동적 수렵채집민을 둘러싼 사고실험
  2. 정주혁명 ·················· 185
     국가를 회피하는 호수제 원리 | '억압된 것의 회귀'로서의 호수제
  3. 두 종류의 노마드 ·················· 189
     농경과 목축은 원도시에서 출현했다 | 유목민이 국가를 형성한다 |
     노마돌로지로는 국가와 자본을 넘어설 수 없다
  4. 야나기타 구니오 ·················· 196
     야나기타는 생애 전체에 걸쳐 정주 이전의 유동성에 몰두했다

후기 ·················· 199
옮긴이 후기: 교환양식D와 신적인 것 ·················· 203

| 참고문헌 | ·················· 211
| 야나기타 구니오 연보 | ·················· 213
| 주요 인명 소개 | ·················· 220
| 초출일람 | ·················· 222

제1장
전후의 야나기타 구니오

1. 전중에서 전후로

'일국민속학'의 저항

야나기타 구니오柳田國男[1875~1962]는 초기 단계에서 산인山人·야마비토, 유랑민漂泊民, 피차별민 등을 논하고 있었지만 후기에는 그것에서 벗어나 그가 '상민常民'이라고 부르는 것을 대상으로 삼게 되며 '일국민속학'을 주창하게 된다. 그 점이 중시되고 또 비판적으로 이야기됐던 것은 1970년대부터 80년대에 걸쳐서이다. 그때 이전까지 야나기타를 그렇게 보는 견해는 없었다. 야나기타의 초기 작업에 관해서는 잘 알려져 있었지만 주로 문학적인 작업으로 간주되었다. 즉, 그의 초기 작업은 이후의 민속학이나 역사학에서 결실될 가능성을 가진 젊었을 때의 작품으로 여겨졌다. 그런데 그러한 초기 작업 쪽이 중시되면서는 야나기타가 이후에 그것을 포기했다는 비난을 받게 됐던 것이다.

전후에 야나기타 민속학이 '일국적'이라고 비난받는 일은 있을 수 없었다. 왜냐하면 패전 이후의 일본이 바로 '일국적'이었기 때문이다. 실제로 많은 사람들이 외지로부터 철수해 들어왔다. 일본인이 해외로 나가는 일은 극히 드물었다. 보통 일본인의 해외 도항이 (자산증명서 제출 등을 조건부로) 해제됐던 것은 1964년, 즉 야나기타가 죽고 나서도 2년이 더 지났을 때이다. '일국민속학' 혹은 일본인의 자폐성이 비판의 대상이 됐던 것은 그 뒤로 일본 기업이 해외로 향하게 됐던 때부터이다.

그때까지 '일국민속학'을 비판하는 사람은 없었다. 거꾸로 그것은 패전 이후의 일본처럼 작고 한정된 곳이라면, 그것을 철저히 밀고나갈 때 보편적일 수 있는 가능성을 드러내는 것으로 여겨졌다. 야나기타의 작업은 수입품이 아닌 독자적인 학문이고 일본의 고유한 현상을 성찰하는 열쇠를 준다고 생각됐던 것이다. 그가 민속학의 대상을 농민=상민으로 좁혔던 것을 두고 비판하는 사람은 있을 리 없었다. 왜냐하면 전후의 일본사회는 폭격에 의한 공장 파괴와 병사의 귀환이 합쳐져서 오히려 전전戰前 이상으로 농민의 비율이 증가했기 때문이다.

그러나 야나기타 구니오가 일국민속학을 주창했던 것은 전후의 일본과 같은 상태에서가 아니다. 그가 일국민속학을 말하기 시작했던 것은 1930년대, 만주사변 이후의 전쟁기였다. 즉 '오족협화'나 '동아신질서'가 주창되던 시대였다. 그러한 정세에 조응하여 비교민속학 혹은 세계민속학이 제창되던 때, 야나기타는 그것을 배척하고 우선 일본 일국 안에서 민속학을 확립해야 한다고 주장했던 것이다. 즉 그가 말하는 '일국'주의는 전후의 그것과는 사정이 다른 것이다.

1930년대에 야나기타의 일국민속학은 시대상황에 저항하는

것이었다. 그러나 그 저항은 이전에 그의 시도가 거듭 패배해왔
던 결과로서 부득이하게 취해진 형태였음을 알아둬야 할 것이다.
그가 패배했던 것은 메이지 이래의 농업정책만이 아니다. 1920
년대의 여러 정치적 발언들이나 활동들도 그러했다. 예컨대 그
는 아사히신문 논설위원으로서, 요시노 사쿠조와 함께 보통선거
를 실현하기 위해 활발하게 논진을 폈었다. 나아가 요시노와
함께 선거의 응원연설에 나가기도 했다. 그런 뜻에서 그는 다이
쇼 데모크라시의 한쪽 날개를 맡았다고 할 수 있을 것이다.
  그러나 1928년에 실현된 보통선거의 결과는 야나기타를 깊이
실망시켰다. 그는 당시 영세농이 투표하는 선거를 통해 합법적
으로 농지개혁이 이뤄지길 기대했었지만 그렇게 되지 못했다.
그때 그는 다음과 같이 말한다.

> 어떤 까닭으로 선거가 이 나라에서만은 올바로 민의를
> 대표할 수 없는가와 같은, 일국 공통의 절박하고도 커다란
> 문제도 반드시 이유는 과거에 있는 것이므로, 그 문제에
> 답하는 것은 역사이지 않으면 안 된다. 사람들이 그러한
> 사학을 바랄 때가 아직 오지 않았다면 가까운 미래에는
> 반드시 나타날 것이다. 우리들이 말하는 실험의 사학은 물론
> 더 광범위한 전선을 가지고 있는 것이지만, 우선 그러한
> 실제적 문제에서 그 능력을 시험받아도 좋을 것이다. (「실
> 험의 사학」, 강조는 인용자)

위의 문제는 전후에도 현재에도 동일한 것이다. 혹은 세계

어디서도 그럴지 모른다. 야나기타는 그 문제를 민속학의 방법으로 생각하려고 했다. 그것이 그가 말하는 '실험의 사학'이다. 야나기타의 민속학=사학은 그런 '실제적 문제'와 분절되지 않는다. 야나기타 구니오는 메이지 이래 일관되게 현실의 정치에 관여해왔던 것이다. 그것들은 모조리 패배로 끝났다. 그러하되 그 패배의 원인을 묻는 것이 오히려 그의 민속학이고 사학이었다.

하지만 1930년대, 즉 만주사변 이후 15년 전쟁의 시기는 그때까지와는 달랐다. 야나기타는 더 이상 '실제적 문제'에 관여할 수 없게 됐던 것이다. 그러나 얄궂게도 그 시기부터 야나기타의 민속학은 널리 일반에게 읽히게 되었다. 하시가와 분조는 그런 상황에 관해 다음과 같이 쓰고 있다.

> 대륙으로 전쟁의 불길이 퍼져가고 이윽고 아메리카·영국과의 대전되어가던 시기, 야나기타는 각지로의 강연여행, 도호쿠대학·교토대학 등에서의 민속학 강의, 라디오방송, 수차례에 걸친 민속학 강습회의 강사 등등으로 바쁜 나날들을 보내고 있다. 그 사이 『옛날이야기와 문학』, 『목면木綿[솜] 이전의 일』, 『국어의 장래』 등, 소겐샤 총서로 차례로 간행됐던 저작은 민속학에 그리 친숙하지 않았던 일반 독자층에서도 널리 읽혀 청년·학생층 사이에서 팬이라고 불러야할 이들을 만들어냈다. 그것은 통상 사회과학적인 것이 권력에 의해 억압된 이후에 관념적인 역사학이 횡행하던 상황에 반감을 품었던 사람들에게 야나기타의

문학적인 향취와 실증적인 조사의 매력이 마음의 평안한 장소가 되었기 때문이다. 마르크스주의자들 속에서도, 예컨대 시가 요시오, 나카노 시게하루, 이시다 에이치로, 하시우라 야스오, 아사노 아키라, 미즈노 시게오 등 야나기타의 학문에 이끌려 그 문으로 출입하는 이들이 적지 않았지만, 그런 사실은 포크로어[folklore·민속(학)·민간전승]가 이른바 그 부르주아적 기원에도 불구하고 역시 19세기 실증과학으로서의 본질을 잃지 않고 민중의 생활실태에 대한 관심을 유지하고 있었기 때문이라고 하겠다. (『야나기타 구니오론 집성』, 1990)

하시가와의 생각으로는 이 시기 야나기타의 작업이 널리 읽히게 됐던 것은 공산당이 탄압당한 이후 '관념적인 역사학', 즉 교토학파의 '세계사의 철학' 같은 것이 지배적인 것으로 되고 그것에 불만을 가졌던 사람들이 야나기타의 작업에서 구원을 발견했기 때문이었다.

나카노 시게하루와의 대담

그러나 야나기타 자신은 그런 상황에 만족하고 있지 않았다. 그러한 사태에 이르게 됐던 것을 자신의 무력함이라고 느끼고 있었다. 따라서 패전을 맞아 야나기타는 '일국민속학'에 만족하기는커녕, 예전에 도모하면서 완수하지 못했던 일을 다시 재개하려는 기대를 품고 있었다. 패전 직후, 야나기타는 이렇게 썼다.

8월 21일 토요일 맑고 더움.

아침 일찍 나가오카 씨를 찾아갔으나 부재. 돌아섰더니
곧 나왔고, 급박한 시국 이야기를 듣게 되었다. 저녁에 다시
전화. 이윽고 움직이지 않으면 안 되는 세상이 되었다. (『탄
소炭燒 일기』)

이 '움직이지 않으면 안 되는' 것에는 아마도 그 다음해 7월
추밀樞密고문관으로 임명됐던 일이 포함될 것이다. 야나기타는
신헌법의 심의에 관여했던 것이다. 그러하되 그가 생각하고 있
던 일은 역시 가족제도 또는 농민문제였을 것이다.

그런데 전후에 '이윽고 움직이지 않으면 안 되는 세상이 되었
다'고 생각한 것은 야나기타만이 아니었다. 오래 탄압받았던 마
르크스주의자들도 마찬가지였다. 그 점에서 흥미로운 것은 1946
년 11월에 야나기타가 나카노 시게하루와 나눴던 대담이다. 한
쪽은 추밀고문관, 다른 한쪽은 공산당원(1947년부터 3년간 참의
원 의원이 된다)이라는 조합은 평상시라면 있을 수도 없는 일이
었다. 그러나 그들의 대담은 느닷없는 것이 아니었다. 그들은
전전부터 지인이었다.

나카노 시게하루는 1931년 일본공산당에 입당, 그 다음해에
체포되고, 2년 후에 전향을 조건으로 출옥했습니다. 이 시기 나
카노와 마찬가지로 전향했던 학생시절부터의 친구 오마치 도쿠
조나 하시우라 야스오가 야나기타의 문하로 들어가며, 나카노
자신도 1937년에 야나기타가 조직한 <민간전승의 모임>의 회원
이 된다. 그들이 야나기타를 향했던 이유는 전전 공산당의 좌절

이라는 것도 결국에는 농촌 문제에 있었기 때문이다.

공산당은 소작료가 현물납입이라는 사실로부터 그것이 봉건 유제이고 일본의 사회가 아직 반半봉건적(절대주의) 단계에 있다고 생각했다. 그렇기에 우선 그것을 타도한 다음 사회주의혁명에 이른다는 '2단계 혁명'을 주창했다. 거기서 이미 보통선거가 실시되던 시기에 군주제를 타도하는 폭력혁명을 제창함으로써 탄압받았을 뿐만 아니라 사람들의 지지까지 잃었다. 그 결과 대량의 전향자가 나왔던 것이다. 야나기타는 당시의 공산당에 관해 다음과 같이 썼다.

> 현재 공산사상의 논구 부족, 당치도 않게 사람들만 고되게 하고 나아가 실현 불가능한 일을 그저 주장하기만 한다면 아무리 용감해도 좋은 것이겠지만, 그런 주장을 넘어 이 국민이 아득한 세월에 걸쳐 마을에서 서로를 도우며 가까스로 살아왔던 사실마저 거짓된 것으로 이야기하려는 태도는 양심도 동정도 없는 짓이다. (『도시와 농촌』)

이러한 발언을 반동적 사상이라고 마르크스주의자들이 비난했음은 따로 말할 것도 없지만, 오히려 놀라운 것은 그 속에서 당대 일본사회를 향한 공산당의 인식 결함을 반성하고 야나기타를 통해 배우려던 자가 있었다는 점이다.[1] 야나기타도 그들을

• •

1. 1930년대 마르크스주의자가 전향 이후에 야나기타 구니오를 향해갔던 것은 특수 일본적인 현상이 아니다. 예컨대 이탈리아공산

받아들였다. 그런 시대에 마르크스주의자가 고립되어 있던 사정은 누구에게도 명백한 것이었지만, 오히려 야나기타가 당대의 민속학자들 사이에서 고립되어 있던 것은 누구도 알아채지 못한 것이었고 이해되지 못한 것이었다.

야나기타 구니오가 전후 추밀고문관으로서 활동하면서 나카노 시게하루와의 대담에 자진하여 응했던 것은 단지 세태에 기민한 저널리즘의 기획에 올라탔던 것은 아니었다. 그것은 전전 이래의 문제와 다시 직면하는 일이었다. 그 일에 나카노 이상으로 어울리는 상대는 없었을 것이다. 야나기타는 솔직하게 나카노에게 공산당은 어쩔 생각이냐고 질문한다.

> 아무래도 전체적으로, 신문이 동정하면서 쓴 기사만 봐도 우선 파괴하자는 태도가 강하지 건설적인 의도는 조금도 드러나지 않고 있죠. 그러므로 유토피아라도 좋으니까 앞으로 이렇게 되리라는 꿈의 재료를, 우리 같이 나이 먹고 상상력으로 장래의 일본을 생각하는 자에게 조금은 더 안심할 수 있는 플랜을 보이지 않으면 안 됩니다. 그런데 근래 특히 더 그러한 것으로, 대체로 지금 있는 것들은 좋은 게 아니니 그것들이 일단 무너지고 나면 뭔가 뒤이어 잘

• •

당 서기장이던 그람시는 파시즘정권에 패하여 투옥된 뒤에 서발턴이라는 개념을 사고했다. 그것은 프롤레타리아라는 개념으로는 덮어 가릴 수 없는 주변적이고 억압받는 존재를 뜻한다. 일본의 마르크스주의자는 그것과 동일한 것을 야나기타의 작업에서 발견했다고 말해도 좋다.

되리라는 생각 따위를 사람에 따라서는 진실로 믿고 있는 듯합니다. (『전망』, 1947년 1월호)

다른 한편에서 나카노 시게하루는 "곧 그리 되겠습니다만, 공산당에서는 일본의 평화혁명이라는 퍼스펙티브를 빨리 발표하고 싶습니다"라고 말한다. "지금 입으로는 평화혁명이라고 말해도 혼란을 틈타 폭력혁명을 시도하리라는 걱정이 있으리라고 봅니다"라는 나카노의 말에 야나기타는 가차 없이 "있습니다"라고 답하고 있다. 왜냐하면 그러한 문제에 대해서는 나카노가 충분히 응답할 수 없었는데, 그는 저명한 작가이기는 해도 공산당의 지도적 지위에 있지는 않았기 때문이다.

당의 실권을 쥐었던 것은 옥중 비전향을 자랑하는 사람들이었다. 그들의 인식은 전전의 공산당의 연장선 위에 있는 것으로 과거의 실패로부터 아무것도 배우지 않았다. 따라서 결국 전전과 동일한 일을 반복했던 것이다. 실제로 공산당은 그로부터 몇 년 뒤에 '평화혁명'(의회주의)을 기만적인 것으로 간주하고 무장투쟁으로 전환했다. 그 근거는 일본이 미군의 지배하에 있기 때문에 민족독립을 위한 반미투쟁이 선결과제라는 것, 또 농지개혁이 행해지긴 했지만 일본에는 아직 반봉건적 토지소유가 남아 있기 때문에 그것을 바꾸는 민주혁명이 필요하다는 것이었다. 즉 전전과 마찬가지의 '2단계 혁명'론인 것이다. 참고로 '사회주의혁명'이라면 과격하게 들리고 '2단계 혁명'이라면 점진적이거나 온건하게 들리지만, 전전도 전후도 실제로는 그 반대였다. 이 과정에서 참의원 의원까지 됐던 나카노 자신은 다른 생각을 갖고 있었을 터이지만 전전에 전향했기 때문에 비전향 지도자에게는 저항할 수가 없었다. 이는 야나기타와의 대담이 실린 잡지 『전망』의 같은 호에 나카노 자신이 발표한 소설 「다섯 잔盃勺의 술」에서도 명확하게 드러난다. 예컨대 주인공인 교장은 통렬하게 공산당을 비판하면서 비전향 지도자를 금후의 도덕적 기초로 삼고자 한다.[2] 하지만 그들을 따르면 어찌될까. 야나기타가 걱정한 대로 됐던 것이다.

농지개혁에 의한 좌절

야나기타 구니오는 마르크스주의 진영에 의해 전전부터 지주계급 이데올로기에 제약된 사상가로 비판되고 있었다. 그 진영

• •

2. 「다섯 잔의 술」은 중학교 교장이 공산당원에게 보낸 편지로 된 소설이다. 교장은 말한다. "대체로 나는 천황 개인에게는 동정하는 마음이 있는 것이다. 원인은 여러 가지이다. 언제나 앞서는 것은 천황이 참 딱하게 됐다는 느낌이다. (…) 부끄러워해야할 천황제의 퇴폐로부터 천황을 혁명적으로 해방시키는 일, 그것 없이 어디에 반(半)봉건제로부터의 국민의 혁명적 해방이 있겠는가. 그리고 어째서 그것을 『적기(赤旗)』[일본공산당 일간 기관지]가 쓰지 않는 것일까. (…) 천황에 콧방귀 뀌는 거만한 인간들이 늘어나면 늘어날수록 천황제가 장수하게 되리라는 것을 사고하길 바란다." 이렇게 공산당을 비판하는 교장에게는 어떤 뜻에선 야나기타의 견해가 투영되어 있다고 하겠다. 하지만 동시에 교장은 야나기타가 그 일원으로 있던 추밀원을 다음과 같이 비판하기도 한다. "그리고 추밀원은 합쳐서 103개 조항인 헌법을 20분 만에 정리해버리고 말았다. 그 103개 조항들이 어떠한 것이든 저 대머리들이 20분 만에 정리해버려도 좋은 것인가."

가운데 나카노 시게하루와는 조금 다른 관점에서 야나기타를 높이 평가한 사람이 있었다. 하나다 기요테루이다.

> (야나기타는) 농촌에서 행해지던 전근대적인 협동의 존 재방식을 부정적 매개로 삼아 산업조합과 농민조합을 한 덩어리로 뭉친 새로운 조합의 존재방식을 — 초근대적인 조합의 존재방식을 생각하고 있었던 것이다.
> 나는 어느 쪽이냐면, 야나기타 사학보다는 야나기타 민속 학에 — 야나기타 민속학에 의해 밝혀진 우리나라의 전근 대적 예술들의 존재방식에 좀 더 많은 흥미를 느낀다. 왜냐 하면 내게는 그러한 예술들의 존재방식을 부정적 매개로 삼지 않는 한, 근대예술을 넘어선 새로운 혁명예술의 존재 방식은 사고될 수 없기 때문이다. (「야나기타 구니오에 관 하여」, 1993)

하나다 기요테루는 나카노에 관해서도 마찬가지의 '변증법' 을 쓰고 있다. "예컨대 나카노 시게하루의 초기 작품에는 전근대 적인 것을 스프링 보드[도약대]로 하여 근대적인 것을 넘어서려는 태도가 불충분하게나마 인정될 수 있는 게 아닐까라고 생각하게 되었다."(같은 곳) 하지만 그러한 의견은 소수파에 지나지 않았 다. 나카노가 야나기타에게 고한 '평화혁명' 혹은 '유토피아'적 인 제안은 얼마 되지 않아 맥없이 무너졌다. 앞서 서술했듯이 공산당은 전전과 동일한 사회 인식에 근거해 동일한 일을 반복했 던 것이다.

그러나 여기서 오히려 주의를 촉구하고 싶은 것은 야나기타 쪽에서도 그가 오래도록 지녀왔던 구상의 숨통이 완전히 끊어지게 됐다는 점이다. 실은 그 원인이라는 것은 미군점령에 의해 행해졌던 농지개혁에 있었다. 그 농지개혁은 일본 군국주의의 기반이었던 농촌을 근본적으로 바꾸는 것이었을 뿐만 아니라 오히려 좌익운동의 기반을 없애는 것을 목적으로 하고 있었다. 공산당의 농업정책은 소련형의 콜호스[kolkhoz·집단농장]를 만드는 것이었지만 미군의 농지개혁에 의해 불가능하게 됐다. 그때까지 전시 하에서조차도 소작쟁의가 끊이지 않았던 농촌은 개혁 이후 일거에 보수파의 기반으로 변했기 때문이다. 하지만 그런 농지개혁에서 산림지주는 제외됐었기 때문에 공산당 주류파는 거기서 혁명의 가능성을 구하고 산촌공작대를 파견했다. 물론 그것도 무참한 실패로 끝났다.

그러나 여기서 주목해야 할 것은 미군이 행한 농지개혁이 공산당만이 아니라 야나기타가 생각하고 있던 '농정農政'까지도 좌절시켰다는 것이다. 메이지 시대에 농상무성의 관료가 됐던 야나기타는 '농업국본農業國本설'을 내건 농정에 반대했다. 그 농정은 부국강병을 목적으로 한 것이었다. 공업에 투하되어야 할 자본을 농민의 수탈을 통해 얻었고, 병사들 또한 농민들로부터 얻었다. 때문에 메이지 정부에겐 '농農'이 긴요한 것이었다. 야나기타가 반대했던 것은 그러한 '농본주의'이다. 그것에 맞서 그가 제안했던 것은 소농들이 협동조합을 통해 연합하고 농촌을 상공업이 포함된 종합적 산업공간으로 바꿔가는 정책이었다. 물론 그의 제안은 전혀 결실을 맺지 못했다. 다름 아닌 그 좌절로부터 그의 민속학이 태어났던 것이다. 야나기타의 민속학은 '농촌생활지誌'이고 그 근저에는 농촌개혁의 목적이 있었던 것이다.

하나다 기요테루의 말을 빌리자면, 야나기타는 '농촌에서 행해지던 전근대적인 협동의 존재방식을 부정적 매개로 삼아' 줄곧 새로운 협동성을 창조하고자 했다. 전후에도 다시 그 일을 행할 가능성이 있었지만, 그것은 미군에 의한 농지개혁으로 매장되어버렸다. 농지개혁을 통해 소작인들은 경작하고 있던 토지를 소유하게 됐으므로 자작농이 늘어났다. 그러나 그들은 결국 영세농이고 보조금과 부업 혹은 겸업을 통해서만 살 수 있었을 따름이다. 이후 1950년대 후반에는 고도 경제성장이 시작되고 농촌 인구가 감소하는 한편에서 벼농사 중심의 농업 보호정책이 채택되었다. 그러한 농정은 야나기타가 반대했던 메이지 이래의 '농본주의'와 기본적으로 다른 것이 아니었다. 그런 뜻에서 야나기타가 생각하던 것은 메이지·다이쇼 시대에·좌절됐을 뿐만 아니라 전후에도 좌절됐던 것이라고 해야 할 것이다.

2. 야나기타의 패배

전시 하에 쓴 『선조 이야기』

야나기타는 1945년 공습경보를 들으면서 『선조 이야기』[3]를
썼다. 패전이 가까움을 알고 있었으므로 그는 이 책을 전후의
시대를 향해 썼던 것이다. 그는 이렇게 말한다. 일본에서는 사람
이 죽으면 혼은 뒷산 하늘로 올라가 조상혼祖靈(씨족신氏神(마을)수
호신))이 되어 자손을 지켜준다. 이는 그때까지의 다른 저작에서
도 논술해왔던 야나기타의 지론이다. 『선조 이야기』가 다른 점
은 거기에 다음과 같은 긴급성을 가진 질문이 있기 때문이다.
외지에서 전사한 젊은이들의 영[혼]을 어떻게 할 것인가라는 물
음이 그것이다.

3. (역자주) 국역본으로는 야나기타 구니오, 『선조 이야기: 일본인의
    조상숭배』, 김용의 옮김, 전남대출판부, 2016.

적어도 나라를 위해 싸우다 숨진 젊은이들만은, 불교도가
말하는 공양 올릴 사람 없이 죽은 자無緣佛의 사례에서처럼
어찌하든 소외된 채로 놔둘 수는 없는 이들이라고 하겠다.
물론 나라와 부·현에는 제를 올리는 깨끗한 장소가 있어
영[혼]을 달래는 곳이 설치되어 있다고 하겠지만, 그 다른
한편에서 집집마다 골육 간의 서로 의존하는 마음이 무시될
수는 없는 것이다.

국가는 전몰자를 '제를 올리는 깨끗한 장소'에서 기리고자 하
겠지만, 그것으로 죽은 자의 영[혼]이 불우한 처지로부터 벗어날
수 있는 것은 아니다. 사실 전후에 전몰자의 영[혼]은 야스쿠니
신사에서 기려지고 있으며, 그것은 지금도 국제적인 정치적 쟁점
이 되고 있다. 그러나 야나기타에 따르면 그렇게 신사에서 기리는
일로는 영[혼]이 불우한 처지로부터 벗어날 수 없다. 죽은 자가
다름 아닌 "선조"가 될 수 없기 때문이다. 그렇다면 대체 어찌하면
좋은가. 『선조 이야기』 맨 끝에서 야나기타는 젊은 전사자를 양자
결연을 통해 '선조'로 만들 것을 제안하고 있다. "국난에 몸을
바친 자를 새로이 초조初祖[첫 조상]로 삼는 집이 많이 생기게 되는
것도 다시 한 번 이 고유한 생사관을 진작시키는 하나의 기회가
될지도 모른다." 그리고 그것이야말로 그 책의 주제이다.
　그러나 당연하게도 그런 제안은 실행되지 못했다. 야나기타
에게 충실한 제자들도 그것을 실행했다고는 할 수 없다. 전시
중에 야나기타와 만났던 나카무라 아키라는 다음과 같이 회상하
고 있다.

전쟁 중에 야나기타 구니오와 그의 서재에서 국가에 관해 논의했던 것을 지금 떠올리게 된다. 그에게는 저 전쟁이라는 것이 납득될 수 있는 게 아니었으며, 그 근거는 개[문]家이에의 계속이라는 것이었다. 젊은이들이 집을 떠나 다시는 고향땅으로 돌아오지 못하는 일이 있어서야 되겠느냐는 것이다. (…) 그에게는 그런 전쟁을 행했던 국가에 대한 의문이 있었던 것이다. 『선조 이야기』 속에서도 그 점을 주의 깊게 읽으면 야나기타의 평화로운 심정과 집을 생각하는 마음家想い[이에오모이]의 사상을 길어 올릴 수 있을 것이다.

(『야나기타 구니오의 사상』, 1985)

하시가와 분조도 『선조 이야기』에 깊은 감명을 받았다고 말한다. 그러나 그들은 국가를 향한 야나기타의 비판에 관해서는 평가하지만, 야나기타가 믿고 있는 가장 중요한 것을 믿지는 않는다. 나아가 그렇게 믿을 수 없다는 것을 괴로워하지도 않는다. 선조신앙은 종교의 미개단계라고 여기고 있기 때문이다. 야나기타는 궁중의 제사에 관해 다음과 같이 쓴다.

궁중의 마츠리祭[제사·축제]는 마을의 마츠리와 대단히 비슷합니다. 그 중간인 신사의 마츠리는 여러 가지 요란스런 의식이 있어서 다르지만, 궁중의 마츠리와 마을마다의 작은 신사들お宮에서 지내는 마츠리는 비슷합니다. 그것으로써 일본은 비로소 진정으로 가족의 연장이 국가가 된다는 마음

가짐을 무엇보다 선명히 하게 됩니다. 민간의 새해맞이 마츠리나 수확 감사의 마츠리 같은 자연의 마츠리를 궁중과 마찬가지로 행하고 있음을 민간의 사람들이 알게 될 기회는 얼마간 있을지라도, 그것을 천자님이 깨닫게 된 시대가 왔다는 것은 정말로 기쁘고 고마운 일이라고 생각했습니다. 그것이 제가 학문을 하는 큰 자극이 되었습니다. (「민속학 이야기」)

또한 야나기타는 「산궁고山宮考」에서 이세伊勢 신궁[에서 모시는 신]이 씨족신[(마을)수호신]과 마찬가지라고 말한다. 요컨대 천황은 상민에 포함된다는 것이다. 그렇게 말하는 것이 일군만민의 천황제를 지탱하는 이데올로기라는 비판이 이후에 제기되었다. 그러나 천황이 상민과 같다는 것은 천황을 국가권력과 결속시키는 천황제에 대한 비판이면서 또한 국가신토神道에 대한 비판이었다.

단, 야나기타의 비판은 어디까지나 '씨족신'을 믿는 것에 근거해 있다. 야나기타는 국가권력과 결속된 천황제를 배척하지만 천황을 부정하지는 않는다. 그것은 국가신토를 배척하지만 씨족신이나 신사를 부정하지 않는 것과 같다. 아니 그보다는 씨족신을 믿기 때문에야말로 국가신토를 부정하는 것이다. 씨족신을 믿기 때문에야말로 젊은이를 외지에 보내 죽게 만든 국가를 인정하지 않는 것이다. 그러나 『선조 이야기』에서 야나기타가 주장했던 것은 전후에 그 책이 출판됐을 때의 애독자에게도 진심으로 받아들여지지는 않았다. 그 책의 서문에서 야나기타는 다음과 같은 포부를 말한다. "이번에야말로 충분하게 확실한, 또다시 반동의 희생이 되어버리지 않도록 민족의 자연과 가장 잘 조화된 새로운 사회조직을 생각해내지 않으면 안 된다." 그러나 『선조 이야기』는 기껏해야 '반동의 희생이 되어버리'고 만 결과를 가져왔을 따름이었다.[4]

오키나와로 향한 이유

그것 말고도 야나기타가 전후에 맛본 좌절이 있다. 그것은 오키나와에 관계된 것이다. 흔히들 노년의 야나기타의 과제가 일본민족의 태생과 벼농사의 기원에 대한 질문이었다고 간주한다. 그것이 그가 오키나와로 향한 이유라는 것이다. 그러나 야나기타가 오키나와로 향했던 것은 그러한 목적 때문이 아니다. 또한 일본민족의 태생과 벼농사를 질문하는 것이 그의 필생의 목적이 될 리도 없었다. 무라이 오사무는 야나기타가 오키나와로 향했던 것을 예전에 그가 관료로서 한일병합(1910)에 있어서의 법제 및 정책에 관여했던 사실을 지워 없애기 위한 것이었다고 비판했다(『남도南島 이데올로기의 발생』, 1992[부제는 '야나기타

• •

4. 실제로 『선조 이야기』에 영향을 받아 먼저 움직였던 것은 야스쿠니 신사였다. 가와다 준조에 따르면, 야스쿠니 신사는 전후 점령군의 정책 아래에서 국가로부터 분절되었기 때문에, 재빨리 야나기타의 생각에 근거해 '영령(英靈)'(전사자의 영[혼])만이 아니라 '영[혼]' 일반을 기리는 신사로서 스스로를 존속시키고자 했다(「최초 시기의 야나기타를 찬양한다」, 『현대사상』, 2012년 10월 임시증간호).

구니오와 식민지주의'). 그러나 야나기타가 1921년에 오키나와로 건너갔을 때 한일병합의 문제, 혹은 산인이나 선주민의 문제를 부정하고서 일본민족의 아이덴티티를 남도에서 발견하고자 했다는 것은 불가능한 일이다.

왜냐하면 야나기타는 오키나와로 간 뒤 얼마 지나지 않아 국제연맹의 신탁위임통치위원이 되어 제네바로 향했기 때문이다. 그것은 한일병합의 문제로부터 벗어나는 것이 아니라 그것을 보편적인 관점에서 다시 보는 것이었다. 이에 대해서는 이후 상세히 서술할 것이다. 또 전전부터 야나기타가 오키나와를 중시하고 있었던 것은 사실이지만, 그것은 도호쿠 지방을 중시했던 것과 같은 이유에 따른 것이다. 그의 민속학=사학에서는 민간전승이 남북 혹은 동서의 양극단에서 일치한다는 점이 긴요했기 때문인 것이다.

오키나와는 메이지 일본국가가 류큐왕국을 점령·해체('류큐 처분')함으로써 일본영토에 편입시킨 것이다. 류큐 처분은 식민지배이고 조선이나 대만을 지배하는 것과 같다. 야나기타는 '일조동조日朝同祖론'과 같은 종류에는 반대했으며 1930년대에 진척된 조선인이나 대만인의 '황민화'에도 반대했다. 그런데 류큐에 관해서는 달랐다. 다름 아닌 '동조론'을 취했던 것이다. 그러나 야나기타가 1921년 오키나와 나하에서의 강연을 통해 말했던 것에는 복잡한 내용이 들어 있다. 그는 오키나와의 섬들이 일본의 중앙으로부터 소외되고 있다고 말함과 동시에 그 섬들 안에서도 본섬과 미야요시·야에야마, 그 이외의 주변 섬들 사이에 마찬가지의 계층적 차별, 나아가 수탈관계가 있음을 지적했다.

그것은 다음과 같은 것을 함의한다. 첫째, 일본이 오키나와를 식민지로서 차별하면서 수탈의 대상으로만 본 것이라면 오키나와인들은 독립하여 국가를 형성해도 좋다는 것이다. 둘째, 오키나와가 국가로서 독립할 자격이 있는 것은 이전에 류큐왕조가 있었기 때문이 아니라 사람들이 네이션으로서의 동일성을 갖는 한에서라는 것이다. 하지만 그것을 위해서는 현재 실제로 있는 섬들 간의 계층이나 수탈관계를 폐기하지 않으면 안 된다는 것이다. 1921년 오키나와에서 제네바로 가기 전까지 야나기타는 일본의 식민지 정책을 외부로부터의 시점에서 보고 있었던 것이다.

그러나 전전의 야나기타는 『해남소기海南小記』[1925]를 출간했을 뿐으로, 그 이상 오키나와에 관여하지 않았다. 그가 오키나와에 관해 잇달아 논하기 시작했던 것은 1950년대이다. 이는 후쿠다 아지오가 지적하고 있듯이 전후 오키나와가 놓여 있던 상태와 관계가 있다. 오키나와는 오키나와전戰 이후 미국에 점령되어 본토와는 분절됨으로써 다른 지배를 받았다. 그리고 그 상태는 1951년 9월 샌프란시스코 회의에서 조인된 대일강화조약(다음 해 4월 28일 발효)에 의해 고정되었다.

그것에 관한 일본 본토의 비판이나 반대 혹은 반성이 반드시 강했던 것은 아니다. 『바다 위의 길』에 이어지는 일련의 저술은 명확히 그런 일본 본토의 인간들에 주의를 환기시키고 반성을 촉구하는 것이었다. 야나기타는 일본에게 오키나와란 불가결한 일부라는 것을 아득한 옛날 일본인의 선조가 일본열도로 건너왔던 경로를 논함으로써 드러내

보이고자 했다. 그는 민속학을 '경세제민經世濟民'의 학[문]이라고 강조했었는데, 그것이 1950년대에는 『바다 위의 길』로서 표출됐던 것이다. (후쿠다 아지오, 『야나기타 구니오 전집』 1권, 「해설」, 1997~)

『바다 위의 길』에서는 중국 남부의 벼농작민이 오키나와로 건너오고, 나아가 '바다 위의 길'을 통해 일본열도로 건너왔다고 설명된다. 그러나 오키나와인이 일본에 속하는가 아닌가는 동일한 할아버지를 두었는가 아닌가에 의해 결정되는 것이 아니다. 현실에서 일본인과 평등하게 취급되는가 아닌가에 의해 결정되는 것이다. 실제로 같은 할아버지를 두고서도 다른 국가를 형성했던 민족은 적지 않다. 게다가 오키나와인은 애초부터 류큐왕국을 형성하고 있었다. 혹여 오키나와가 일본으로부터 잘라낼 수 없는 일부 같은 것이라면 그들을 평등하게 대해야 하며 오키나와만을 희생시키는 것은 비정상적인 것이다. '동일한 일본인'으로 다루지 않는다면 그들은 독립을 구해 마땅할 것이다.

야나기타가 1952년 이후에 말하고자 했던 것은 오키나와 사람들을 더 이상 희생시키지 말라는 것이었다. 그렇다면 야나기타가 죽은 뒤인 1972년의 '오키나와 반환'을 통해 실현된 것은 무엇이었던가. 본토의 미군 기지를 오키나와로 집중시키는 일이었을 뿐이다. 오키나와인을 평등하게 대했던 게 아니다. 그런 사정을 알았다면 야나기타는 분개하였을 것이다. 그런 뜻에서 야나기타의 남도론은 다름 아닌 그의 패배를 각인하고 있는 것이었다.

3. 농민=상민의 소멸

요시모토 다카아키의 야나기타론

앞서 서술했듯이 전후에는 야나기타 구니오가 기대했던 것과는 다른 형태로 농지개혁이 행해졌다. 게다가 1955년 이후 농촌은 보수파가 합동하여 이뤄진 자유민주당의 금성탕지金城湯池가 되었다. 이른바 '1955년 체제'가 그것이다. 경제의 고도성장과 더불어 농촌 인구는 급속히 감소하고 있었다. 야나기타가 전제하고 있던 대상이 소멸하기 시작한 것이다. 1962년 야나기타가 사망했을 무렵에는 이미 그때까지 일본의 지식인들이 전제하던 틀이 붕괴되고 있었다.

그 중 하나가 '지식인과 대중'이라는 프로블러매틱한[문제적인] 사안이었다. 야나기타는 지식인들에게 무시되어왔던 대중문화를 거론한 것으로 평가되어왔다. 그러나 경제성장에 의해 지식인과 대중, 도시와 농촌의 절대적 차이는 사라져버렸다. 예컨대 대학 진학률이 급속히 올랐다. 대학생은 그때까지 지식인 후보로 간주되었고 그들도 그렇게 자부하고 있었지만, 그 수가 양적으로 늘어남과 동시에 그들의 모습이 변화해버렸다. 지식인의 문화가 사라짐과 동시에 그때까지의 대중문화도 모습이 변했다. 이는 말하자면 "서브컬쳐"라고 불러야 할 것이 되었다. 그리고 야나기타는 이제 서브컬쳐를 중시했던 선구적 존재로 평가받게 되는 것이다.

야나기타의 작업은 그 출발점에서부터 농정과 분절될 수 없는 것이었다. 나아가 민속학이라고 해도 그것은 근본적으로 사학에 다름 아니었다. 그것은 말하자면 '경제적 하부구조'와 밀접한 것이었다. 그러나 1955년 이후부터 야나기타의 작업은 그런 밀접성을 환원시켜버린 '민속학' 내지 '문학'으로 읽히게 된다. 야나기타를 읽는 그런 태도를 대표했던 것이 요시모토 다카아키의 『공동환상론』(1968)이었다.

본디 전후의 마르크스주의자는 파시즘에 패배당한 일의 반성으로부터 관념적 상부구조를 중시하게 되었다. 독일에서 프랑크푸르트학파는 나치즘에 패한 경험으로부터 프로이트를 도입했다. 전후 일본에서도 "천황제 파시즘"의 문제를 풀기 위해 정치학이나 사회학이 도입되었다. 그것은 마루야마 마사오로 대표된다. 요시모토 다카아키의 『공동환상론』은 그것들의 연장선 위에 있다. 그가 말하는 환상영역이란 관념적 상부구조이다. 요시모토와 같은 관점은 경제성장을 맞아 그런 경제적 하부구조의 중압력으로부터 해방되는 과정에서 초래된 것이라고 해도 좋다.

요시모토는 가족, 공동체, 국가에 이르는 환상영역을 고찰하는 데에 야나기타의 『도노 이야기遠野物語』[5]를 소재로 삼았다. 60

년대에 야나기타 구니오가 신좌익 사이에서 유명하게 됐던 것은 그 때문이다. 그러나 『도노 이야기』는 요시모토가 행하고자 했던 인류사적인 고찰의 재료로는 적합하지 않았다. 예컨대 근친상간의 금지를 포함한 인류사회의 먼 과거에 대한 논의에 『도노 이야기』를 소재로 삼는 것은 불가능하다. 도노[현재의 이와테현 도노시]의 민간전승은 그런 태고의 것이 아니다. 야나기타 스스로도 민속학에서 거슬러 올라갈 수 있는 과거란 기껏해야 14~5세기까지라고 말한다. 따라서 그것에 근거해 선사적 사회를 생각하는 것은 근세 이후의 가족체험을 먼 옛날로 투사하는 일일 수밖에 없다.

『공동환상론』의 덕분에 야나기타 구니오가 널리 읽히게 됐지만 그것은 또한 야나기타를 보는 그때까지의 관점을 강화시켰던 것이기도 했다. 일반적으로 민속학자들은 야나기타가 초기에 산인을 실재로서 취급했었지만 이후에는 심적인 대상으로 보게 됐다고 생각해왔다. 『도노 이야기』에 드러나는 세계를 농민이나 사냥꾼들의 "공동환상"으로 간주하는 요시모토 다카아키의 책은 그러한 관점을 강화시켰다. 야나기타에게 산인은 어디까지나 실재였다. 『도노 이야기』를 썼을 무렵, 그는 역사적으로 선주민이 존재하고 그 후예가 지금도 산지에서 산다고 생각했다. 그 이후에도 그는 산인이 실재한다는 설을 포기한 일이 없었다. 다만 그것을 적극적으로 주장하지 않게 되었을 따름이다. 예컨

••
5. (역자주) 국역본으로는 야나기타 구니오, 『도노 모노가타리: 일본 민속학의 원향』, 김용의 옮김, 전남대출판부, 2017.

대 그는 사실이 어떤지를 확정할 수는 없지만 적어도 사람들이 그렇게 믿고 있는 것은 사실이라는 식으로 말하게 됐던 것이다. 『도노 이야기』의 단계에서도 이미 그러했다. 때문에 거기서는 산인이나 요괴가 마을사람들의 환상인 것처럼 읽힐 수 있다. 그러나 야나기타가 실재로서의 산인을 부정했던 적은 한 번도 없었다.

4. 비非상민론

상민론에 대한 비판

1960년대 고도 경제성장과 함께 시작된 상황은 1970년대부터 80년대에 걸쳐 한층 더 진전됐다. 대중사회의 현상은 더욱 강고해졌다. 그때까지 요시모토 다카아키가 의거해왔던 '대중의 원[형]상'은 더 이상 발견해낼 수 없게 되었다. 요시모토 자신이 그러한 현실에 대응했다. 즉 그것을 '매스 이미지'(매스미디어가 부여하는 이미지)로부터 논구했던 것이다(『매스 이미지론』, 1984). 그것은 그가 『도노 이야기』에 가했던 해석을 현대화한 것이다. 현재의 사회적 현실을 매스미디어 아래에 있는 대중이 자아낸 공동환상으로 보는 것이기 때문이다.[6]

• •

6. 1990년대가 되면 요시모토 다카아키는 나아가 일본의 90퍼센트가 넘는 사람들이 스스로를 중산계급으로 자인하는 사회에 도달했음을 칭송하고, 사회주의와 자본주의를 넘어서는 '초자본주의'

농민=상민을 베이스로 삼았던 야나기타 민속학=사학은 점점 더 현상에 적합하지 않게 되었다. 그 시기에 주목을 모았던 것은, 말하자면 '비非상민'이었다. 야나기타에 대한 비판의 대다수는 거기에서 유래한다. 피차별민, 선주민, 여성 등의 마이너리티 혹은 서발턴을 옹호하는 관점에서 말이다.[7] 그것 또한 경제성장과 관계가 있다. 그때까지 마르크스주의자는 경제적인 계급문제를 중시했기 때문에 마이너리티의 문제를 부차적인 것으로 간주해왔다. 상대적으로 풍요로운 사회가 출현하고 또 노동운동이 자본주의적 시장경제시스템의 일환으로 편입되고 말았을 때 그때까지 부차적으로 여겨졌던 영역으로 초점이 옮겨간 것이다.

그 지점에서 보면 야나기타의 일국민속학에는 마이너리티에 관한 시점이 결여되어 있는 것이다. 예컨대 야나기타가 말하는 상민이란 근본적으로 벼농작민이고 거기서 비농업민은 제외되

에 도달했음을 소리 높여 선언했다(『초자본주의』, 1995). 그러나 실제로는 그 시기 일본의 자본주의경제는 피크를 지난 정체 혹은 쇠퇴의 방향으로 향하고 있었다. 또 그 이후로 '매스'(대중)는 '분중(分衆)'으로 나눠져 '매스 이미지'라는 것 또한 성립될 수 없게 되었다.

7. 야나기타 구니오가 퓨리턴[청교도]적으로 성애(性愛)에 관한 언급을 피했던 것도 비난의 과녁이 되었다. 예컨대 아카마츠 게이스케는 『요바이의 민속학』(1994['요바이(夜這い)'는 한밤에 연인의 잠자리에 잠입하는 풍습])에서 그의 출신지인 효고현 근처에서 자랐던 야나기타 구니오가 요바이라는 풍습을 몰랐을 리가 없음에도 거의 논하지 않고 있다는 것을 "그의 윤리관, 정치사상이 그 실재를 원하지 않았기 때문일 것"이라고 비판한다. 또 야나기타는 동성애에 관하여 논하지 않았던 것으로도 비판받았다.

며 또 차별받고 있는 것으로 비판된다. 그런데, 그럴 때 무시할 수 없는 사실이 있다. 그것은 야나기타가 일본에서 마이너리티의 문제에 관한 선구적인 작업을 하고 있었다는 점이다. 그는 초기부터 선주민족으로서의 산인山人을 논하고 있었고 피차별민 일반을 유랑민이라는 존재양태로부터 역사적으로 고찰하고자 했다. 또 선주민 문제에 관해서는 제네바 국제연맹의 위임통치위원으로서 현실적으로 몰두했다. 그런 관점에서 보면 야나기타의 작업은 높이 평가되지 않으면 안 될 것이다. 하지만 거꾸로 그것이 야나기타에 대한 비판으로 귀결됐다. 그가 그러한 초기의 작업을 버림으로써 상민=벼농작민의 민속학이 형성됐다는 비판이 생겨난 것이다.

민속학자들 중에서 야나기타의 견해를 벼농작민에 치우친 것으로 처음 비판했던 것은 쓰보이 히로후미의 『이모イモ[감자·고구마·토란 등의 총칭]와 일본인』(1979) 혹은 『벼를 선택한 일본인』 (1982)이다. 쓰보이는 새해에 떡을 공양물로 먹는 것에 반대했다. 그는 "떡 없는 정월"의 관습을 거론하면서 벼의 문화에 대항한 이질적 문화체계가 존재한다는 것을 입증하고자 했었다. 즉 "떡 없는 정월"이라는 관습이 남아 있는 것에서 벼를 축으로 한 의례의 체계와 벼 이외(감자, 메밀, 조, 콩)의 것을 축으로 한 의례의 체계가 동등한 가치로 병렬적으로 존재하고 있음을, 바꿔 말하자면 벼농작과 화전농업 둘 모두가 존재하고 있음을 보았던 것이다.

이를 통해 쓰보이는 야나기타가 만든 상민=벼농작민의 민속학을 비판하고자 했다. 그러나 그러한 논리는 야나기타와 다른 민속학을 세우는 것은 되지 못했다. 왜냐하면 다른 민족과의 문화적 차이가 존재하고 있었다는 것, 그것이 현재에도 남아 있다는 것을 최초로 탐색하고자 했던 이가 야나기타였기 때문이다. 예컨대 야나기타는 규슈에서 화전농업과 수렵을 행한 산민을 보고 『후수사기後狩詞記』[1909, 자비출판]를 쓰고, 이어 『도노 이야기』를 썼다. 사정이 그렇다면 쓰보이의 비판은 왜 야나기타가 초기의 생각을 포기했었는지를 묻는 것으로 전화하게 된다. 그것이 앞서 말했던 문제이다.

아미노 요시히코의 작업

농민을 베이스로 삼았던 야나기타의 관점에 대한 비판은 민속학 바깥에서도 행해졌다. 그것은 아미노 요시히코의 작업이다. 그는 쓰보이와는 달리 야나기타를 표적으로 했던 게 아니다. 그는 본래 이시모타 쇼로 대표되는 강좌파 마르크스주의(공산당)의 역사학자였다. 앞서 나는 요시모토 다카아키 등 전후의 사상가가 대체로 공식적 마르크스주의에 대한 비판의 과정에서 관념적 상부구조를 중시하는 방향으로 향했다고 말했다. 그 속에서 아미노 요시히코가 특이한 것은 경제적 하부구조를 괄호에 넣는 것이 아니라 그것을 좀 더 넓은 관점에서 보고자 했다는 점이다. 그것은 '생산양식' 이외의 관점, 내가 말하는 방식으로 하자면 '교환양식'으로부터 바라보는 일이다.

강좌파의 관점에서는 영주(무사)와 농민 간의 생산관계가 주요하고, 그 이외의 것은 부차적인 파생물로 간주된다.[8] 그것에 맞서 아미노가 중시했던 것은 유통(교환)의 영역이다. 그것은 농업공동체 바깥에 있던 다양한 비농업민의 활동을 발견해내는 일이다. 거기로부터 정치적·관념적 상부구조를 다시 다뤘던 작업이 「중세 천황지배권의 한 고찰」(1972)이다.

그 논문에서 아미노는 중세 천황지배권의 기반을 비농업민에게서 보았다. 예컨대 남북조 시대 남조의 고다이고 천황은 비농업민이나 "악당"과 결탁함으로써 무가武家정권에 대항했다.[9] 하지만 남조가 패배한 결과, 무가정권이 확립되어 영주와 농업민

<hr />

8. (역자주) 강좌파(講座派) 마르크스주의자. 앞에서 나왔던 "2단계 혁명론"과도 연결된다. '강좌파'란 1930년대 초반 이와나미에서 간행된 『일본자본주의발달사 강좌』에서 유래한 이름. 메이지 시대의 정치체제를 절대주의로, 사회경제체제를 반봉건지주제로 규정하고, 혁명의 성격 혹은 방법을 2단계 혁명론(천황제 타파로서의 민주주의혁명이 사회주의혁명으로 강행적으로 이행·전화해야함)으로 설정했다. 강좌파는 당대 일본의 권력체계를 구성하는 세 가지 요소로 '천황제'와 '지주적 토지소유'와 '독점자본'의 합성을 꼽았던 코민테른 '32년 테제'와 접속하는 것이었으며, 당대 일본공산당의 기초이론이 되었다. 일본자본주의의 성격 논쟁에서 강좌파와 대립했던 것은 '노농파'이며, 그 이름은 1927년 창간된 잡지 『로노勞農』의 공통인식을 반영한다. 그것은 메이지 유신을 불철저한 부르주아혁명으로, 천황제는 부르주아 군주제로, 당면 정치투쟁의 대상을 금융자본·독점자본을 중심에 둔 제국주의적 부르주아지로 규정하고, 그런 한에서 혁명의 성격 혹은 방법을 사회주의혁명으로 설정했다.

9. (역자주) 1336년 아시카가 다카우지가 고묘 천황을 옹립해 북조를 수립한 뒤 무로마치 막부를 개창했고, 고다이고 천황은 요시노에 남조를 수립해 일본열도의 왕조는 둘로 분열되었다. 1392년 북조에 의해 남조가 패망하기까지의 기간은 남조와 북조라는 두 천황 ―정당성 간의 충돌의 시대였다.

간의 생산관계가 중심축이 된 사회가 형성됐던 것이다. 그 지점에서 보면 강좌파는 남북조 이후에 성립한 사회를 기준으로 하여 일본사 전체를 보려고 했던 것이 된다. 즉 영주와 농업민 간의 '생산양식'이 토대에 있고 그것이 발전함으로써 상공업 등이 발전·분화했다는 생각인 것이다.

그러나 아미노는 말한다. "비농업민은 농업민과는 구별되는 나름의 독자적 집단을 극히 오래전부터 유지하고 있었고, 나름의 생활양식과 세계를 전개·발전시켰다고 나는 생각한다."(『몽고 내습襲來』, 1974) 그의 생각으로는 무사 또한 본디 무예를 지닌 직인·예능인의 일종이었다. 그렇게 아미노는 교통의 근원성, 일본사회의 다양성을 강조했다. 그것이 1970년대에 민속학에도 큰 영향을 주었던 것이다.

아미노 요시히코 자신은 그것을 강좌파적인 이론에 대한 비판으로 여겼다. 그것이 민속학에 큰 영향을 주었던 것은 아미노의 강좌파 비판이 고스란히 야나기타 민속학 비판에 적용 가능한 것으로 보였기 때문이다. 야나기타의 '일국민속학' 혹은 '실험의 사학'은 상민=벼농작민을 중심으로 한 것이었고, 그 점에서 강좌파의 관점과 일치한다. 아미노에 따르면 그러한 농민과 무사의 생산관계가 성립했던 것은 기껏해야 남북조 이후에 지나지 않는다. 그렇게 야나기타는 남북조 이후에 만들어진 통념을 따라 생각하고 있다고 비판받게 된다. 그러나 그 비판은 강좌파에 대해서라면 적합하지만 야나기타에게는 적합하지 않다. 왜냐하면 야나기타 또한 남북조 시대가 그 이전과 이후를 결정적으로 가르는 분수령이었음을 인정하고 있기 때문이다. 물론 그는 남북조 이후에 만들어진 통념을 의심하고 있었다. 다만 그는 문헌에 기대지 않고 남북조 이전 시대로의 '소행遡行[거슬러 올라감]'을 방법론적으로 사고하고자 했다. 그것이 '실험의 사학'이다.

야나기타가 최초부터 상민=벼농작민에 입각했던 것이 아니라는 점은 야나기타를 비판하는 이들도 인정하고 있다. 야나기타가 '유랑민'이 맡아 행한 역할을 중시하고 그 속에다가 무사까지 넣고 있었던 것은 분명하다. 그렇기에 왜 그는 그러한 관점을 포기했던가라는 비판이 나온다. 하지만 그렇게 말할 때 사람들은 자신이 태도를 변화시켰던 것을 잊고 있다. 왜 야나기타가 변했는지를 따져 묻는 자는 그 물음을 자신에게도 돌려야만 한다. 나아가 다음과 같은 점에 주의해야 한다. 산인, 즉 유동적 수렵채집민과 직인·예능인 같은 유동민은 유사하면서도 동시에 결정적으로 다르다는 점이다. 그 두 종류의 유동성이 갖는 다름을 보지 못하면 야나기타의 변화는 이해될 수 없다. 뿐만 아니라 우리가 현재 놓여 있는 상황에 관해서도 이해할 수 없게 되는 것이다.

맨 처음에 서술했듯이 전후 일본에서 야나기타의 '일국민속학'이 당연한 것으로 받아들여졌던 것은 사람들이 다름 아닌 '일국'적인 상황 아래에 있었기 때문이다. 즉 사람들이 정주定住 농민, 그러니까 상민의 존재방식을 취하고 있었기 때문이다. 그 시점에서는, 야나기타가 '일국민속학'을 주창하면서 '상민'으로 과녁을 좁혔던 때인 1930년대가 만주제국이 만들어지던 시대였다는 점이 망각되고 있다. 즉 '일국'성이 부정되고 오히려 '비非상민'이 칭송받던 시대였다는 점이 망각되고 있는 것이다. 이어

1970년대 이후 야나기타 민속학의 '일국'성이 비판받게 되었다. 사람들은 왜 야나기타가 변했는지를 따져 묻는다. 그러나 변한 것은 오히려 그렇게 묻는 사람들 쪽이 아닌가.

'일국'성이 의심받게 되었던 것은 민속학과 같은 영역에만 한정되지 않는다. 실제로 일본인은 '일국' 속에 틀어박혀 있을 수 없게 됐던 것이다. 경제적으로 그런 것이지만 유럽·미국에 다시 도전하고 아시아로 다시 진출하기 시작했기 때문이다. 일본인이 외국으로 나갔을 뿐만 아니라 해외에서의 이주노동자도 증가했다. 이제 일본을 '단일민족'이라고 말할 수 없었고 그렇게 말해서도 안 되었다. 사람들은 더 이상 네이션, 공동체, 개별기업 같은 폐쇄영역에 안주할 수 없게 되었다. 따라서 그것을 일제히 비판하기 시작했던 것이다.

노마돌로지와 일국민속학

그러한 풍조가 하나의 정점에 도달했던 것이 1980년대 버블의 시대였다. 그때는 또 '노마돌로지'를 주창하는 포스트모던의 현대사상이 풍미한 시기이기도 했다. 즉 탈영역성, 다양성, 유동성이 창도됐던 것이다. 이 시기에 정주농민을 베이스로 하는 '일국민속학'이 공격의 과녁이 됐던 것은 무리도 아니다. 또한 이 시기에는 그때까지 고립되어 있던 아미노 요시히코의 사학이 널리 받아들여졌다. 그러나 그것은 아미노 자신이 의도하고 있던 것과는 전혀 다른 의미를 띠었다.

아미노는 정주농민에 비해 '비농업민' 즉 예능적 유랑민을 평가했다. 거기서 천황제국가를 넘어서는 열쇠를 보려고 했던 것이다. 이는 천황을 상민=벼농작민의 의례로부터 근거지었던 야나기타를 비판하는 것이었다. 그러나 그러한 타입의 유동민은 정주성과 그것에 수반되는 종속성을 거부하지만, 동시에 국가와 직결되어 있는 것임에 주의하지 않으면 안 된다. 그것은 유목민이 정주농민사회를 배척하면서 정주농민을 지배하는 국가를 형성하는 것과 비슷하다. 즉 그런 타입의 노마드를 통해서는 천황 제국가에 대항할 수 없는 것이다. 나아가 그런 유동성, 탈영토성을 통해서는 자본에 대항하는 것이 불가능하다. 오히려 그것은 자본에 환영받는 것이다. 실제로 그런 종류의 노마돌로지는 1990년대에 신자유주의의 이데올로기로 전화되었다.

한편, 야나기타는 1930년대에 정주농민(상민)으로 향하고 '일국민속학'을 주창했었다. 그것은 '단일민족신화'를 지탱하는 것이라는 말을 듣게 된다.[10] 그러나 야나기타는 1917년에 서술한 다음과 같은 입장을 한 번도 바꾼 일이 없다. "현재 우리들 일본

· ·

10. 오구마 에이지는 야나기타에게 "일본민족이란 일본열도의 침입자여서는 안 되는, 벼를 들고 남도에서 건너와 토착했던 민족이어야만 했으며 열도에 따로 선주민족이 있어서는 안 되는 것이었다"(『단일민족신화의 기원』, 1995[국역본으로는 오구마 에이지, 『일본 단일민족신화의 기원』, 조현설 옮김, 소명출판, 2003])고 말한다. 한편 오구마는 야나기타의 일본인 단일민족론이 대륙진출이나 동화주의정책을 보강하는 이데올로기가 지배적이던 때에 소수파였다고 말하고 있다. 야나기타가 단일민족설을 주장했기 때문에 반시대적일 수 있었다는 것이다. 그러나 야나기타는 한 번도 단일민족설을 취했던 적이 없다. 그는 단지 '일국민속학'을 주창했던 것이고, 그것이 반시대적이었던 것이다.

국민이 숱한 종족의 혼성이라는 것은 실제로는 아직 완전히 입증된 것은 아닌 듯하지만, 저의 연구는 그 점을 움직일 수 없는 통설이 된 것으로, 다름 아닌 출발점으로 삼고 있습니다."(「산인고山人考」)

반복해 말하면 야나기타가 '일국민속학'을 주장했던 것은 1930년대 일본국가·자본이 만주를 거점으로, 말하자면 탈영토성, 다양성, 유동성을 창도하던 시기이다. '동아신질서'를 뒷받침하는 '비교민속학'이 요청됐던 시기에 야나기타는 그것에 등을 돌리면서 일국민속학을 주창했던 것이다. 1930년대 일본의 팽창주의가 파탄을 맞이한 패전 이후 '일국민속학'은 당연한 것처럼 받아들여졌다. 하지만 1970년대에 다시 팽창주의가 시작됐을 때 '일국'적인 것은 비판의 표적이 됐던 것이다.

그 사이 야나기타가 초기에 취했던 자세를 바꾸는 일은 없었다. 즉 산인의 존재 혹은 산인적인 유동성을 한 번도 부정하지 않았다. 그가 다른 타입의 유동성을 공공연하게 부정할 수 있었던 것은 오히려 그런 까닭에서다. 그럼에도 상민과 일국민속학을 주창한 야나기타는 유동성 일반을 부정하는 자로 간주되었던 것이다.

사람이 대상의 이동을 못보고 빠트리는 일은 드물다. 그러나 대상을 보는 자 자신도 이동하고 있다는 것은 거듭 못보고 빠트린다. 야나기타를 논할 때 우리들은 야나기타의 역사적 변화와 우리들 자신의 역사적 변화를 교차시키는 트랜스크리티컬한 시점을 필요로 하는 것이다. 나는 이어지는 장들에서 다음과 같은 문제를 다시금 질문할 것이다. 왜 야나기타는 '산인'의 문제를 생각했던가. 그리고 그는 이후에 과연 그것을 포기했던 것인가. 포기하지 않았다면, 어떻게 했던 것인가.

제2장

산인山人

1. 근대와 근대 이전

'경세제민'이라는 이념

야나기타는 왜 산인의 문제를 거론했던가. 오오츠카 에이지는 야나기타가 『도노 이야기』를 시작으로 산인에 얽힌 괴담을 쓴 것을 두고 문학자들과의 교유 및 동시대 문학에서 유행한 스피리 츄얼리즘[1]으로부터 설명하고 있다(『괴담 전후前後』, 2007). 그러한 사정이 있었음은 의심의 여지가 없다. 그러나 그것을 당시의 낭만주의적 문학의 동향으로만 볼 수는 없다. 『고향 70년』에서 야나기타는 다음과 같이 회상하고 있다.

친구들에게도 혜택을 받고 순조로웠던 나의 학생생활에
서 가장 불행했던 일은 내가 고등학교에서 대학으로 들어간

1. (역자주) spiritualism. 여기서는 교령술(交靈術). 곧 영매(靈媒)를
   통해 죽은 자와 교신하는 일·기술.

여름, 부모가 연이어 죽어버렸던 것이다. (…) 대학은 애써서 모처럼 법과에 들어갔지만 어떤 것도 할 의욕이 없어졌으며, 산림학이라도 해서 산으로 들어갈까 하는 낭만적인 일을 가슴에 그려보게 되었다. 그러나 산림학은 그 무렵 가장 어려운 실제과학으로 대단한 수학실력이 필요한 것이었다. 나는 수학의 소양이 충분치 않았으므로 농학을 하게 됐다. 양친도 돌아가셨으니 이제 시골에서 살아도 상관없다는 생각이었다. 그 즈음 마츠자와 구라노스케라는 선생이 유럽 유학에서 돌아와 농정학(에그리컬튜럴 폴리틱[agricultur al politics])이라는 것을 전하며 도쿄대학에서 강의를 하고 계셨다. 니토베 박사가 도쿄대에 오기 이전의 이야기지만, 그런 것으로부터 나도 농촌의 문제를 연구해보자는 마음을 품게 되었고, 메이지 33년 7월에 대학을 나오고부터는 농상무성의 농정과라는 곳에 들어갔던 것이다. [(「관계官界에 들어가」)]

이 회상에 따르면, 야나기타 구니오가 농정학을 선택했던 것은 문학의 연장선인 것처럼 보인다. 그의 문학 동료 다야마 가타이, 구니키다 돗포들로부터 보자면 그가 산인에 관해 썼던 것은 농정관료의 곁길이자 낭만주의적인 몽상을 만족시키기 위한 것이었다.[2] 애초에 그들은 시인 마츠오카 구니오가 농상무성의 관

• •

2. 다음과 같은 시는 야나기타가 '산림학이라도 해서 산으로 들어갈까'라고 생각했던 무렵에 쓴 것이다. 그러나 야나기타에게 '저

50

료가 되거나 야나기타 가에 양자로 들어가는 맥락을 이해할 수 없었다. 야나기타도 그것에 관해 이야기하지 않았다.

그러나 마찬가지 『고향 70년』 속에서 그는 농상무성에 취직하고 그 이후 민속학에 뜻을 둔 계기를 다음과 같이 쓰고 있다. "기근이라고 하면, 나 자신도 그 참사의 경험이 있다. 그 경험이 나를 민속학 연구로 이끌었던 한 가지 이유라고도 할 수 있는바, 기근을 절멸시키지 않으면 안 된다는 기분이 나를 이 학문으로 내몰았고 나아가 농상무성에 들어간 동기도 되었던 것이다."

야나기타 자신이 보고 들었던 기근은 1885년(메이지 18년)에 일어났다. 다음해 13세의 야나기타는 『황정요람荒政要覽』[명나라 유여위의 편찬세]을 읽고 생각했다. "어린이의 마음에 그런 비참한 일이 거듭 일어나는 것은 견딜 수 없는 일이라고 생각했던 것이 졸업하기까지 '삼창三倉' — 의창義倉·사창社倉·상평창常平倉 — 을 연구했던 동기이다."(같은 곳) 이 지점에서 보면 야나기타가 농정학으로 향했던 것이 우발적인 일이 아니라는 것, 나아가 그 지점에서 '민속학 연구'로 이끌렸다는 것이 명확하다. 그 근저에 기근 속의 백성을 구하는 '경세제민經世濟民'이라는 유교적 이

..

황혼녘 고향'이라는 시어는 단순한 비유가 아니었다.

저 황혼녘 고향에야말로 / 그리운 모두가 있네 / 소(牛)와 함께 이 세상을 보게 되면 / 나를 유혹하는 초저녁 금성이여 / 여위어 초라해진 고아 / 가엾이 여기는 어미는 맡언에]의 이파리를 / 고요한 하늘을 지나와 / 내게 전해주려는 저녁바람 (『문학계』, 메이지 30년[1898] 2월)

넘이 있었다.

히라타 아츠타네의 신관神官이었던 친아버지

야나기타는 그러한 성장과정을 친구들에게 이야기하지 않았던 듯하다. 야나기타가 문학에 관계된 친구들에게 상세히 이야기하지 않았던 것이 또 하나 있다. 친아버지의 관한 것이다. 1918년(다이쇼 7년) 그는 신관들의 회합에서 강연하면서 다음과 같이 말했다.

> 제 친아버지는 실은 중년에 개종한 신관이셨고, 무엇보다 고학古學의 추종자였기 때문에 저는 유년 시절부터 이른바 도츠쿠니부리(외국풍外國風)와 노치노요부리(후세풍後世風)를 반드시 바로잡아야 한다는 말을 거듭 들어왔던 사람이었습니다만, 요즘 들어 점점 더 생각해보면, 외국풍의 감화가 일본을 석권했던 것은 과연 사실이랄 수 있겠지만, 그것은 오히려 『연희식延喜式』보다 훨씬 이전의 일이거나 『서기書記』의 편찬보다 더 앞선 시대에 절정을 이뤘던 것으로 간주해야 될지도 모르겠습니다. (「신토 사견神道私見」)

야나기타 구니오의 친아버지(마츠오카 긴사이)는 히라타 아츠타네의 신관이었다. 신관의 집에서 태어난 것이 아니라 중년을 넘겨 신관이 되었다. 야나기타가 말하듯 그의 아버지가 '경건하고 가난한 신토학자'였음은 의심의 여지가 없다. 따라서 야나기타가 저승세계幽冥界에 관심을 갖게 됐던 것은 '부모가 잇달아 죽어버렸'기 때문이 아니다. 어릴 때부터 관심이 깊었던 것이다. 그것은 히라타 고쿠가쿠國學3를 몸 가까이에서 배운 이라면 당연한 일이다. 그리고 그것은 '경세제민'이라는 유교적 이념과 대립하는 것이 아니다.

야나기타가 13세에 명나라 유여위兪汝爲가 쓴 『황정요람』을 읽었다는 것도 그러한 환경이 있었기 때문일 것이다. 12세 때에는 다른 중요한 사건이 있었다. 그 해에 그는 아버지로부터 떨어져 나와 이바라키현에서 의원을 열고 있던 형과 함께 살게 됐다. 즉 신관 아래를 벗어나, 말하자면 도츠쿠니부리(외국풍)와 노치노요부리(후세풍)의 세계에 들어갔던 것이다.

오오츠카 에이지는 야나기타가 『도노 이야기』를 썼던 배경에 '괴담'이 유행한 시대가 있었음을 지적하고, 그것을 드러내는 문장으로 야니기타가 다야마 가타이와 함께 편집한 『근세 기담奇談 전집』의 서문을 인용한다.

영靈이라고도 하고 혼이라고도 하고 신이라고도 하는 것,

3. (역자주) 모토오리 노리나가의 '고학(古学)'을 '고쿠가쿠(國学)'로 다르게 계승했던 히라타 아츠타네(1776~1843)는 로마가톨릭의 삼위일체/신을 일본 『고사기(古事記)』의 남매신이자 부부신 이자 나기노미코토·이자나미노미코토와 합성함으로써 당대의 천황이라는 존재와 그 통치의 정당성을 정초하고자 했다. 메이지 유신 전후로 '막부 토벌' 및 '존황(尊皇) 운동'의 근거가 됐다. 이하 본문에서는 '국학'으로 표기할 것이며, 그 낱말은 '고쿠가쿠'의 그런 문맥과 관계 맺고 있다. '신도(神道)'는 낱말의 중의성을 피하기 위해 '신토'로 음역하여 표기했다.

그 모두는 신비를 봉행하는 주체이면서, 우리들 소小자연 위에서 대우주를 보고 우리들 현세의 형상 위에서 미래의 형상을 드러내는 것을 말한다. 현실에 집착하고 과학에 집착하는 것이란 쓸데없이 꽃의 꽃술을 셈할 줄은 알아도 그 꽃이 모르는 사이에 신과 합치하고 있는 까닭은 모르는 것이며 별의 자리를 연구할 줄은 알아도 그 사람의 몸에 관한 사정은 모르는 것이다. 하물며 사람들의 생[명]의 비밀을 열쇠로 열어 저 진리를 방불케 하는 것과 접촉하는 일이야 말해서 무엇하겠는가. (…) 그렇기는 하나 이 평범한 사람들의 세상에서 오히려 그 반향 없는 곳으로부터 반향을 구하고 극한의 적막으로부터 의미를 구하는 이가 없다고 할 수는 없다. 듣기에, 20세기 오늘날의 서양 혹은 모던에 미스티시즘[mysticism(신비주의)]의 큰 깃발을 내걸고 크게 그 목소리 없는 목소리를, 리듬 없는 리듬을 들려주려는 자가 있다고 한다. 우리들 극동의 외로운 길손일지라도, 일찍이 적막한 마을에서 성장하고 영혼의 높이를 동경하며 운명의 깊이에 감명 받은 몸으로 어찌해서든 준마의 꼬리에 붙어서라도 우리들 마음 깊은 곳을 거울처럼 밝히고자 하는 것이다. 근세 기담 전집 1권, 이는 우리들이 그 본바탕을 전하고자 했던 것, 감히 신비의 깊은 곳을 많이는 건드리지 못하더라도 우리나라 근세 속에서 다른 세계의 사조를 향해 힘을 쏟았던 것임은 믿어 의심치 않는 것이다.

메이지 36년 2월 편자 씀

(다야마 가타이·야나기타 구니오 편,

『근세 기담 전집』, 1903)

공동으로 작성된 이 서문은 다야마에겐 동시대의 괴담에 연결되는 것이겠지만, 야나기타에게는 그런 게 아니었다. '영' '혼' '신' 등은 신토의 관점에서 보면, 지극히 흔한 것이다. 예컨대 히라타 아츠타네는 '덴구코죠天狗小僧'[4]라고 불렸던 사이킥[psychic·영매(靈媒)·초능력재] 소년을 양자로 받아 돌보면서 듣고 썼던 것을 『선경이문仙境異聞』[1822]으로 정리했고, 그 이외에 다수의 '기담'을 출판했다. 야나기타처럼 13세에 『황정요람』을 읽을 정도의 아이라면 당연히 그러한 '기담'에도 정통해 있었을 것이다. 따라서 야나기타가 "듣고 썼던 것"에 근거해 『후수사기』나 『도노 이야기』를 썼던 배경에는 '괴담의 시대'보다는 오히려 그 자신의 소년 시절이 있었다고 하겠다.

그런 뜻에서 야나기타는 괴담이 유행하기 전부터 괴담을 진지하게 생각하고 있었다. 예컨대 요괴에 관해서는 이노우에 엔료의 '요괴학'이 일찍부터 알려져 있었다. 이노우에는 철학자로서 계몽주의적인 관점에서 요괴가 환상임을 드러내기 위해 일본 각지의 요괴현상을 철저히 조사했다. 그렇기 때문에 거꾸로 요

---

4.   (역자주) 덴구. 붉은 얼굴에 콧대가 세고 신통력을 가진, 어디로든 자유롭게 날아갈 수 있으며 아이를 유괴한 뒤 돌려보낸다는 에도 시대 상상의 요괴. '덴구코죠'는 당시 에도 사람들이 도라요시라는, 신통력을 갖게 된 아이를 부르던 다른 이름.

괴의 인기가 높아지게 되었다. '괴담의 시대'는 낭만주의(반계몽주의)적인 사조가 강한 시대이고, 얄궂게도 이노우에의 요괴학은 그런 시대 속에서 각광을 받았던 것이다. 한편 야나기타는 이노우에의 계몽주의에 부정적이었다.[5] 그러나 그것은 야나기타가 낭만주의적이었기 때문이 아니다. 그는 요괴가 표상으로서 감각될지라도 그것은 모종의 실재라고 생각했기 때문이다.

다만 야나기타는 그 점에 관해 이야기하지 않았다. 오히려

5. 야나기타가 이노우에 엔료를 비판했을 때, 야나기타가 이노우에를 충분히 이해하고 있었다고는 할 수 없다. 이노우에는 정토진종(淨土眞宗)파의 종교개혁자였다. 그는 불교적 인식을 철학으로서, 나아가 대중을 향한 요괴학으로서 이야기하고자 했던 것이다(기쿠치 노리타카, 『요괴학의 [비]조─이노우에 엔료』, 2013). 이노우에가 말하는 요괴에는 몇 가지 종류가 있다. 이른바 요괴는 가상이며, 그 진상은 자연과학을 통해 해명될 수 있다. 그러나 그러한 가상이 제거된 뒤에 사람들은 진정한 요괴(眞怪)와 만난다. 그것은 이 자연세계 자체, 칸트의 말로 하자면 물자체이다. 하지만 이노우에의 그러한 측면은 거의 알려져 있지 않았다. 야나기타가 이노우에를 비판했던 일 때문이다. 그러나 '요괴' 문제를 두고 야나기타가 이노우에에게 반응했던 것은 우연이 아니다. 야나기타 또한 어떤 의미에서는 신토 계열의 종교개혁자이고, 요괴를 실재(물자체)로서 보고 있었기 때문이다. 참고로 칸트가 현상과 물자체의 구별을 생각하게 됐던 것은 영적인 능력자(靈能者) 스베덴보르크의 문제(「환영을 보는 자(視靈者)의 꿈」)에 대해 고민한 이후였다. [스베덴보리, Emanuel Swedenborg, 1688~1772)는 스웨덴의 과학자로, 1741년 이후 신비적 영성체험의 신학에 몰두했다. 그는 칸트보다 한 세대 앞서며, 그의 신비주의적 신학을 칸트는 「형이상학의 꿈을 통해 밝힌 환시자(Geisterse hers)의 꿈」(1766)에서 검증했다.]

근년 '서양'의 '모던', '미스티시즘'의 동향에 따라 응하고 있는 것처럼 썼다. 물론 그는 그런 측면에서도 다야마보다 정통해 있었다. 따라서 다야마를 위시해 구니키다 돗포나 시마자키 도손 등의 문학 동료들은, 그들 속에서도 두드러지게 서양의 문학·사상에 정통해 있던 야나기타에게 '모던'한 것의 구현을 봤던 것이다. 그렇기 때문에 그들은 야나기타가 얼마나 '옛' 세계로부터 왔는지를 알아채지 못했다.[6] 따라서, 예컨대 연애시에 어울리는 귀공자로만 보였던 마츠오카가 야나기타 가의 양자로 들어간 일에 그들은 놀랐던 것이다.

신토와 민속학

야나기타는 메이지 근대문학의 첨단을 달리는 '서정시'를 썼지만, 그것 또한 '옛' 세계에 뿌리내린 것이었다. 그는 15세에 도쿄로 이주하여 대학의 조수를 하고 있던 형 이노우에 미치야스

6. 단, 시마자키 도손은 야나기타와 비슷한 면이 있다. 도손의 아버지 시마자키 마사키도 히라타파의 국학자였고, 도손 또한 10세 때 아버지의 슬하에서 벗어나 도쿄로 유학했다. 도손의 아버지는 키소 골짜기 농민들의 산림해방운동을 리드했지만 면장 직위를 파면당하고 유폐되어 1886년에 옥사했다. 그러나 야나기타가 비판적이긴 했어도 여러 가지 점에서 아버지를 이어받았던 것임에 반해, 도손은 그리스도교도가 되며 또 아버지처럼 농촌문제에 몰두하지는 않았다. 도손은 아버지를 모델로 『새벽녘』[1929~1935, 잡지 연재]을 썼지만, 그것은 쇼와 시대에 들어와서의 일이었다. [도손과 야나기타의 관계에 관해서는 가라타니의 후속작 『세계사의 실험』(이와나미, 2019) 1부를 참조]

의 보살핌으로 게엔파桂園派[19세기 초중반 와카(和歌)의 유파]의 가인 마츠우라 다츠오의 문하에 들어갔다. 다야마 가타이와는 거기서 알게 됐다.

나는 『문학계』에 신체시를 냈던 일이 있다. 도손의 권유가 있었던 건지도 모르겠다. 그러나 그들은 서양의 계통에서 나온 것이었으므로 가슴을 불태우는 것을 그 자체로 드러내는 것이 시라고 생각하고 있었다. 나는 와카의 제영題詠[미리 제목을 정해 놓고 읊음]을 익히고 있었으므로 그들과는 전혀 음조調子[상황/상태]가 달랐다. 그것이 일본 단카短歌의 특장인바, 이러저러한 제영으로, 예컨대 규방의 아가씨에게도 '한스러운 사랑' 따위의 제목을 주어 읊도록 했던 것이다. 그렇게 하게 된 아가씨 쪽은 곤란했겠지만, 그래도 『와카의 여러 겹 울타리和歌八重垣』라거나 『말의 무성한 풀들言葉の八千草』[7] 같은 여러 책들이 만들어져 있었으므로 거기서 적당한 부분들을 찾아내어 노래를 조립하면 되었다. 통상 사용되는 말이 서른 개 내지 쉰 개가 나란히 병렬되어 있으므로 그것을 조합시켜 노래를 지어내는 것이었다. 그것이 옛날의 제영이라는 것으로, 이를 왕성하게 습득해 달인이 되어 타인에게서 노래를 전해 받았을 때 곧바로 답가가 가능하도록 해야 한다는 것에 무게가 놓여 있었다.

• •

7. (역자주) 『와카 야에가키』『고토바노야치구사』는 에도 중기의 가학서(歌學書). 와카를 지을 때의 마음가짐, 작법, 용어 등을 해설한 입문서. '단카'는 와카의 한 형식으로, 5·7·5·7·7의 5구 31음을 기준으로 지음.

말하자면 적당히 받아넘기는 문학이라는 기분이 들었다. 우리들은 이후 제영으로 엄청나게 연습해 놓지 않으면 읊고 싶을 때에도 노래가 나오지 않기에 거듭 제영을 하는 것이라고들 말했었지만, 생각해보면, 도손 등의 서정시와는 상당한 거리가 있었던 것이 사실이다. (「고향 70년 보유」)

야나기타의 시는 결코 그러한 제영의 단순한 연장이 아니었다. 때문에 야나기타의 친구들도 그가 낭만파 서정시인이라는 것을 의심하지 않았다. 사실, 야나기타는 새로운 시인 그룹의 선도자이고 지혜주머니였다. 그러나 그 자신은 '옛' 세계를 질질 끌고 다니고 있었다. 아니 그렇다기보다는 '새로운' 세계의 첨단에 선 한편에서 자신이 하고 있는 것이 아버지가 말하는 도츠쿠니부리(외국풍)와 노치노요부리(후세풍)에 불과한 게 아닌지를 끊임없이 감각하고 있었던 것이다.

물론 야나기타는 옛 세계에 종속되어 있었던 게 아니다. 예컨대 앞서 인용한 신관들 앞에서의 강연에서 야나기타는 히라타파 신토를 통렬하게 비판한다. "고서 및 그 이외의 외부 재료를 취해 현실의 민간신앙을 가볍게 여겼던 점, 각 마을들에서의 신에 대한 현실적 사상을 충분히 대표하지 못했던 점에서 다른 많은 신토와 고금의 폐단을 나눠 갖는 것입니다."(「신토 사견」) "요컨대 신토의 학자라는 것은 부자연스런 새 논설을 토해 한 세상을 현혹하는 자입니다. 결코 일본 신사의 신앙을 대표하고자 했던 것이 아닙니다."(같은 곳) 나아가 야나기타는 '각 마을들에서의 신에 대한 현실적 사상을 충분히 대표'함으로써, 바꿔 말하자면

'고유신앙'을 명확히 함으로써 '진정한[참된] 신토'를 발견해낼 필요가 있고, 그것을 위해서는 민속학이 불가결하다고 주장했다.

앞서 서술한 것처럼 야나기타는 12세에 향리의 아버지와 이별한다. 거기에 그대로 있었다가는 아버지와 충돌하고 신토를 배척했을지도 모른다. 그렇게 야나기타는 아버지로부터 자유로웠기 때문에 거꾸로 신토에 집착하게 되었다. 예컨대 그는 『신토와 민속학』의 서문(1942)에서 이렇게 썼다. "나는 항상 내 고향의 씨족신[수호신]인 스즈가모리[방울소리숲]의 위엄어린 신明神과, 산 아래서 시간을 보내던 경건하고 가난한 신토학자, 곧 죽은 마츠오카 야쿠사이 옹을 언제나 함께 염두에 둔 채로 주의를 집중해 붓을 들었다고 생각합니다."(「신토와 민속학」) 나아가 야나기타는 이렇게 말한다. "민속학은 오히려 신토사神道史 연구에 뜻을 둔 학문이며, 혹여 그게 아니라면 신토사란 민속학의 주요 항목들 중 하나인 겁니다." '부모가 잇달아 죽어버렸'던 뒤, 야나기타는 대학에서 농정학을 전공하고 관료가 되었다. 그러한 코스를 선택한 것은 매번 그의 문학 동료들을 놀라게 했지만 야나기타에게 그것은 오히려 당연한 선택이었다.

2. 농정학

야나기타의 협동조합론

혼히들 야나기타는 관료로서의 일에 좌절하여 민속학으로 향했고 또 그것은 문학의 대리보충 혹은 연장이었다고들 여긴다. 그러나 그 점을 서술하기 전에 메이지 시대의 관료제에 대해 한 마디 해두고 싶은 것이 있다. 야나기타는 1900년(메이지 33년) 24세로 도쿄제국대학을 졸업하고 농상무성에 들어갔지만, 동시에 와세다대학에서 '농정학' 강의를 시작했다. 그것은 단순히 관료가 대학에서 강의를 했다는 것을 뜻하지 않는다. 오히려 농정학자가 관료가 된 듯한 느낌이다. 당시는 학계에도 관료계에도 야나기타의 수준을 넘어서는 농정학자가 없었다. 따라서 야나기타는 관료계에 자신의 의견이 수용되지 않는 일은 있었어도 배제되는 일은 없었다.

야나기타가 농상무성에 있던 것은 2년에 불과하다. 그가 제안했던 정책은 그 시점에서 거부되었고 이후에도 거부된다. 하지만 그가 법제국法制局으로 옮기고 농정학을 그만뒀던 것은 아니다. 오히려 농정학에 전념했다고 할 수 있다. 법제국은 한가한 부서였기 때문에 그는 넉넉히 책을 읽고 여행했으며 대학에서 강의할 수도 있었다. 야나기타는 고립되어 있긴 했지만 미움을 받지는 않았다. 메이지 시대 후기까지 일본의 관료제는 그러한 것이었다고 할 수 있다.

메이지국가의 정책은 근본적으로 부국강병이다. 야나기타가 재학 중일 때, 그리고 농상무성에 입성한 뒤에도 지배적이었던 것은 도쿄제국대학 교수 요코이 도키요시(1860~1927)가 설파한 '농업국본農業國本설'이었다. 요코이의 생각에 따르면 '상공[업]'은 부국을 위해 필요하며 '농[업]'은 강병을 위해 불가결하다는 것, 또 농업은 상공업과의 경쟁을 견뎌내지 못하므로 행정에 의한 보호가 필요하다는 것이었다. 그런 까닭에 요코이는 소농의 보호정책을 주창했다. 그러나 그런 "농본주의"는 결코 농민을 중시하는 것이 아니었다.

메이지국가가 중시했던 것은 '상공[업]'의 발전이고, 그것에 '장려·보호'를 제공했음은 말할 것도 없다. 후진국에서는 산업자본주의의 발전을 위해 우선 자본이 필요하지만, 그것은 여러 의미에서 농민의 수탈을 통해서만이 가능하다. 우선 토지(생산수단)를 잃은 농민이 임금노동자가 되고 동시에 소비자가 된다. 그러한 과정을 마르크스는 '원시적[시초적] 축적'이라고 부른다.

나아가 농촌은 실업한 노동자를 일시적으로 받아들이는 저수지이기도 하다. 또 국가에 병사를 제공하는 모체이기도 하다. 그런 뜻에서 농업·농촌은 산업자본주의 국가에 불가결했다. 농촌의 황폐화는 자본에게도 국가에게도 위기이다. 요코이가 말하는 '농업국본설'이란 그런 맥락에서 제기된 것이다. 국가에 의한 농업의 보호라는 것도 그저 보조금을 지급할 뿐인 것으로 농촌의 자립적인 개혁이나 발전을 목표로 한 것은 아니었다. 어디까지나 부국강병의 일환이었다. 요코이는 소농보호를 주장했지만 현실에서 그것은 대농(부재지주)을 용인하는 것이었다. 그것은 또한 소작료의 현물납입 제도를 용인하는 것이었다.

그것에 맞서 야나기타의 농업정책은 소작료의 현물납입에 대한 반대였을 뿐만 아니라 나아가 국가에 의한 농업보호 그 자체에 대한 반대였다. 그의 농업정책은 농가가 국가에 의존하지 않고 '협동자조自助'를 꾀하는 것이다. 구체적으로 말하자면, 협동조합이 그것이다. 메이지국가도 협동조합을 촉진하고자 했다. 그러나 그것은 농업생산력의 증진이라는 관점에서만 고려되고 있었다.

본래 협동조합은 산업자본주의에 대항하는 '협동자조'적인 운동이고, 19세기 중반에 영국에서 로버트 오웬 등에 의해 추진되어 다른 지역으로도 퍼졌다. 하지만 독일에서 그 운동은 국가의 주도로 조직되는바, 이것이 '산업조합법'으로서 일본에 도입됐던 것이다. 이에 맞서는 야나기타의 생각은 영국의 협동조합론으로 되돌아가는 것이다. 이는 또 노년에 사회주의를 주장했던 자유주의자 J. S. 밀의 생각에 가까운 것이라고 말할 수 있다.[8]

8. 오늘날 신자유주의자들은 빠짐없이 스마일즈의 『자조론』[1859]를 추천한다. 자기책임·자기구제를 주장한 책으로서 말이다.

하지만 중요한 것은 야나기타가 그것을 단지 수입했던 게 아니라 마찬가지의 시도를 일본이나 중국의 근대 이전 사회에서 발견하고자 했다는 점이다. 그는 대학 졸업논문으로 「삼창연혁」이라는 제목 아래, '삼창' 즉 의창·사창·상평창의 역사와 기능에 대해 논했다. 그것들은 원래 중국에서 기근에 대비한 구휼책으로 생겨난 방책이다. 상평창은 기근이 들었을 때에 국가가 곡물을 사들여 그 가격이 일정하게 유지되게끔 하는 방식이다. 의창은 국가가 기근에 대비해 곡물을 저장하는 것이고, 사창은 그 일을 국가가 아닌 공공단체가 행하는 것이다. 그 가운데 야나기타가 중시했던 것은 사창이다. 사창은 의창이나 상평창처럼 국가 혹은 지방행정에 근거한 것이 아니라 자치적인 상호부조 시스템이었다. 그것은 협동조합·신용조합의 원형이다.[9]

그러나 미야자키 마나부는 그것을 비판하면서 말한다. 스마일즈는 노동운동이나 협동조합운동의 지지자였던바, 그에게 '자조'의 정신은 상호부조와 분절될 수 없는 것이었다(미야자키 마나부, 『'자기계발병' 사회』, 2012). 자유주의 철학자로서 알려진 J. S. 밀이 노년에 사회주의를 주창했던 것도 마찬가지 이유에서이다. 『자조론』은 메이지 시대에 『서국입지편(西國立志編)』[1871]이라는 제목으로 나카무라 마사나오에 의해 번역되어 베스트셀러가 되었다. 야나기타가 '협동자조'를 생각했던 것도 그러한 문맥에서이다.

9. 야나기타에 따르면, 사창을 이론화하고 실행했던 이는 남송(南宋)의 주자였다. 주자에 관한 그런 관점은 일본의 에도사상사 속에서는 찾아볼 수 없는 것이다. 도쿠가와 막부의 공인 이데올로기인 주자학에서 주자는 관념적인 도의나 정통성을 설파하는 철학자로 간주되고 있었다. 그러나 주자는 극히 실천적이고 구체적이었

야나기타는 다음과 같이 말한다. "어쩌면 여러분은 유신 이전 시기에 신용조합적인 기관이라고는 하나 없이 작은 마을이나 촌락에 그만큼이나 경제를 발전시켰다고도 생각하실지 모르겠지만, 그런 기관을 대신할 제도로서는, 보호와 복종의 연결은 불완전할지라도 필요를 충족시키는 정도에 이르러 있던 것은 있었습니다. 현재의 조합을 대신할 제도라는 것은 어쨌든 옛날에도 존재하고 있었다는 것입니다."(『시대와 농정』) 이렇게 야나기타의 농정학은 외래의 제도나 이론을 설파하는 것이 아니라 오히려 종래에 있던 노동조합(유이ユイ)이나 금융조직(다노모시코賴母子講)[10]에 새로운 의의를 부여하는 것이었다. 그런 뜻에서

다. 그는 또 국가에 의한 정책이 아니라 민간의 자치를 설파했다. 주자의 사상은 과거제도가 전면적으로 실현됐던 남송의 사회에서 생겨났다. 그것은 그 어떤 계급 출신이든 시험을 통과하면 지배층에 들어갈 수 있다는 제도를 배경으로 한다. 그 제도는 송대의 남방개척과 함께 식민됐던 농민이 토지소유권을 얻게 된 경제적 변화에 근거해 있다. 거기서 생겨난 '사대부(士大夫)' 계급으로부터 자유사상가가 배출되었고, 그 중 하나가 주자였다. 그러나 그러한 사회는 남송 이전에도 없었고 남송의 멸망 이후에도 두 번 다시는 없었다. 주자학은 명대에 이르러 극히 융성하게 됐지만, 과거의 필수과목이 됨으로써 고정화·형해화되고 말았다. 송대에 있던 실천적인 성격을 잃어버렸던 것이다.

10. (역자주) 유이(結い). 일종의 '품앗이' 방식으로, 집들 상호간에 쌍무적 노동 부조를 행한 협력 관습. 다노모시코는 일종의 '계(契)'에 해당되는 것으로, 10~20명 정도가 일정 기간 동안 금전을 모아 한 사람씩 목돈을 받아가는 민간 상호 금융조직. 가마쿠라 시대(1185~1333)에 생겨났으며 에도 시대(1603~1867) 화폐경제의 발달 속에서 유행했다. '금융(金融)'은 본래 '융통무애(融通無

그의 농정학은 최초부터 사학적·민속학적이었다. 동시에 야나 기타의 민속학은 농정학적이었다고 할 수 있다. 왜냐하면 그것은 근본적으로 많은 사람들의 협동작업(유이)에 근거해 있기 때문이다. 그것은 근대문학처럼 결코 개인적인 작품이 아니었다.

기근의 기억

앞서 서술한 것처럼 야나기타가 농정학을 연구하고 농상무성에 들어간 동기는 기근을 근절시키고 싶다는 것이었다. 그가 일찍부터 '사창'에 관해 생각했던 것도 그런 까닭에서였다. 기근의 기억은 야나기타의 뇌리를 떠나지 않았다. 예컨대 그는 법제국에서 특별사면 전형特赦選考을 위해 조사하던 때에 다음과 같은 사건을 알고 깊이 감명 받았다고 말한다.

예전에 대단한 기근이 들었던 해에 니시미노[기후현 서부지역]의 산에서 숯을 굽는 남자가 아이 둘을 큰 도끼로 찍어 죽였던 일이 있었다. 아이들은 각각 12세, 3세가 된 남자아이와 여자아이였다. 그 남자는 마을에 내려가도 숯이 팔리지 않고 한 홉의 쌀도 손에 넣을 수 없었다. 최후의 날에도, 빈손으로 돌아가 완전히 허기진 아이들의 얼굴을 보는 것이 괴로웠으므로 오두막집 깊숙이 들어가 낮잠을 자고 말았다.

• •

碍)'라는 불교용어에서 유래한 것으로 금전의 장애 없는, 무한한, 다함이 없는 융통을 말한다. 서일본의 다노모시코와 유사한 예전의 금융 형태를 동일본에서는 '무진코(無盡講)'라고 불렸던 이유가 거기에 있다. 오키나와에서는 '모아이(模合)'라고 불렸다.

눈이 떠져 보니 오두막집의 입구 쪽에 한가득 석양이 비치고 있었다. 늦가을의 일이었다고 한다. 아이들 둘이 그 석양빛에 웅크리고 앉아 (…) 작업할 때 쓰는 큰 도끼를 열심히 갈고 있었다. 아버지, 이걸로 우리를 죽여줘, 라고 말했다고 한다. 그러고는 입구의 목재를 베게 삼아 둘이 함께 누워 잤다고 한다. 그걸 보니 어찔어찔해져 앞뒤 생각도 없이 둘의 목을 쳐서 떨어트리고 말았다. 그래도 자신은 죽을 수 없었고 결국엔 잡혀 감옥에 들어갔던 것이다. (「산에 파묻힌 인생의 어떤 일」)

이는 기근에 의해 일어난 사건이다. 그러나 그런 사건이 일어나는 것은 굶주린 자들이 절망적으로 고립되어 있었기 때문이다. 야나기타 앞에는 언제나 '빈궁한 농촌'이라는 현실이 있었고, 그것을 해결하는 것이 그에겐 일생의 과제였다. 하지만 그에게 '빈궁함'이란 단지 물질적인 것이 아니었다. 농촌의 빈궁함은 오히려 사람과 사람 간의 관계의 빈궁함에 있었다. 야나기타는 그것을 '고립빈孤立貧'이라고 부른다. 그러면 어찌하면 좋을 것인가. 야나기타가 협동조합에 관해 생각했던 것은 그 때문이다. "공동단결에 의거하는 것 이외에 사람들의 고립빈에 광명을 주는 일은 불가능한 것이었다."(『메이지·다이쇼사史 세태편』)
　물론 산업조합은 야나기타가 관료로 들어가기 이전부터 국가에 의해 추진되고 있었다. 그러나 그것은 본래 농촌에 있던 '공동단결의 자치력을 박약하게 만들어버리는' 것이었다. 야나기타는 말한다. "20몇 억만 엔 거액의 자금과 2만의 조합과 3백만의 조합원수라는 것은 실로 현대의 장대한 경관이지만, 과거 30년 간 숫자상으로는 그렇게 성공하고 또 바쁘게 일구어왔음에도 여전히 효과는 기대됐던 것만큼 모두에게 미치지 않고 있다. 즉 구제되지 않으면 안 될 사람들 간의 자치의 결합이 성취될 때야말로 목적이 달성될 것임에도, 그 점을 고려하지 않았던 결과, 단순히 빈궁한 고통의 위험이 비교적 많은 이들부터 먼저 국가의 보호를 받게 되었고, 그들은 행정부의 지도에 순종하고 복종하는 대가로서 기관을 이용해 세력을 바깥으로 넓힐 수 있었던 것이다."(같은 곳)

한편, 야나기타가 제창했던 것은 농촌의 '협동자조'이다. 그에게 산업조합은 '구제되지 않으면 안 될 사람들 간의 자치의 결합'이었다. 야나기타는 자주 「중농 양성책」을 설파했었기에 소농을 무시했다고들 생각한다. 그러나 그것은 본래 요코이 도키요시의 '소농 보호책'에 대항하여 세워진 논설이었다. "농업조합이라는 것은 소농을 존속시켜 그들이 대농과 같은 이익을 얻게 할 수 있는 방법입니다. 한 마디로 말씀드리자면, 대농의 결점을 제거해 대농의 이익을 거두고, 소농의 결점을 제거해 소농의 이익을 거두는 절충책으로 볼 수 있는 것입니다."(『시대와 농정』)

즉 야나기타가 말하는 중농 양성이란 소농 간의 '상호주의'적 연합을 형성하는 것에 다름 아니다. 이를 위해 그는 농업생산자가 토지를 좀 더 많이 얻을 수 있을 '구매생산조합'의 설립을 제안하고 있다. 나아가 그의 협동조합은 '공동경작조합'이나 '개간조합', 상업이나 금융을 포함하는 것이었다. 여기서 주목해야 할 것은 야나기타가 농촌과 농업을 구별했던 점이다. 메이지국 가는 농업을 원조해 증산을 꾀했다. 그러나 농업이 발전하더라 도 농촌은 쇠퇴한다.

농업을 보호함으로써 농촌이 번영할 수 있는 것이라면 현대의 보호정책은 상당히 완비되어 있다. 탈곡되지 않은 벼의 수입에는 관세를 메기고, 그것으로도 불안의 염려가 있다면 나라가 나서서 사들임으로써 시장가격을 유지하는 방도도 있다. 그것 말고도 금융의 편의, 창고의 설비, 그것보 다도 더 유효한 직접적 장려·보조와 같은, 얻을 수 있는 거의 모든 수단을 시험해보고 있다. 이제까지의 그런 빈번 한 보살핌은 예전에도 그 예를 찾아볼 수 없으며 아마 외국 에서도 그와 비슷한 종류는 없을 것이다. 세간에서는 농업 이 쇠미해지고 있으니까 그렇게 구제하는 것이라고들 생각 하는 듯하지만, 그것은 사실과 반대될 뿐만 아니라 구제받 지 않으면 안 될 자들이 구제받지 못하고 있는 사정을 모르 는 것이다. 즉 위와 같은 방법들만으로는 농촌 쇠퇴의 문제 가 해결될 수 없다는 것을 우리들은 겨우 최근이 되어서야 경험한 것이다. (「도시와 농촌」)

위와 같은 사태는 현재까지 이어지고 있다. 현재에서 되돌아 보면 야나기타가 농촌과 농업을 구별했던 것은 극히 중요한 인식 이었다고 하겠다.

근대 이전의 농촌에는 다양한 농업, 가공업, 경공업이 있었다. 하지만 메이지 이후의 농업정책은 농촌에 존재했던 수공업·가공업을 모두 도시로 이동시키고, 농촌을 그저 원료만을 생산하는 장으로 삼았다. 때문에 농업생산력은 증대했지만 농촌은 쇠퇴했다. 바꿔 말하자면 농촌은 빈궁하지는 않게 되었어도, "쓸쓸한" 것이 되고 말았다.

야나기타는 협동조합을 농업이 아니라 농촌, 즉 사람들의 다양한 네트워크로부터 생각하고자 했다. 따라서 그것은 농업, 목축, 어업만이 아니라 가공업, 나아가서는 유통이나 금융을 포섭하는 것이었다. 야나기타의 협동조합은 궁극적으로 농촌과 도시, 농업과 공업의 분리를 지양하는 것을 목표로 삼았던 것이다.

우자와 히로후미의 경제학

야나기타의 농정학은 역사적으로 평가받고 있기는커녕 오늘날에는 망각되고 있다. 통상 야나기타 농정학을 계승한 사람으로서 그 문하에 있던 도하타 세이치가 참조된다. 그러나 내가 보는 한에서 야나기타의 농정학을 회복시키고 있는 이는 야나기타와는 인연이 없는, 아마도 야나기타에 관해서는 무지할 경제학자 우자와 히로후미이다. 우자와는 이른바 근대경제학자였지만 신고전파 및 케인즈주의의 비판으로부터 '사회적 공동자본'(공유재)이라는 사고에 도달했다. 예컨대 수전水田은 단순한 생산수단이 아니다. 그것은 증발–강우라는 물의 순환을 가져오고, 그렇게 주위의 환경을 형성하는 사회적 공유재이지 사유재산으로 환원될 수 있는 게 아니다. 마찬가지로 농촌은 개별 농가들 혹은 농업으로 환원되지 않는다. 그것들을 모두 합친 것 이상의 사회적 공유재(커먼즈[commons])로서 있는 것이다.

우자와의 생각으로는 이제까지의 일본의 농정은 개별 농가들을 경영 단위로 하여 그 경영적 규모를 키우고 노동생산성을 높임으로써 공업 부문과 비교하여 열등하지 않은 것으로 만드는 일, 다른 나라들의 농업과도 경쟁할 수 있는 효율적인 것으로 만드는 일에 초점을 맞춰 왔다. 그러나 "독립된 생산, 경영 단위로서 논구되어야 할 것은 한집 한집의 농가가 아니라 하나하나의 커먼즈로서의 농촌이지 않으면 안 된다."(『사회적 공통자본』, 2000)

커먼즈로서의 농촌은 임업, 수산업, 목축 등을 포함한 생산일 뿐만 아니라 그것들의 가공, 판매, 연구개발을 통합적이고 계획적으로 실행하는 하나의 사회적 조직이다. 그것은 수십에서 수백에 걸치는 가구들로 이뤄진다. 우자와가 제창한 것은 야나기타가 일찍이 제창했던 것과 같은 것이다. 나아가 우자와는 산리츠카 농민운동에 관여하면서 '산리츠카 농업회사農社'를 설립했다. 그의 다음과 같은 말은 야나기타를 상기시키지 않을 수 없다.

'사社'라는 말은 어쩌면 커먼즈의 역어로서 최적의 것이 아닐까. 아니 오히려 커먼즈보다 더 적당하게 내가 주장한 것을 표현하는 말이라고 해도 좋을지 모른다. '사'라는 말은 본래 땅을 일군다는 의미를 지니고 있었다. 그것이 경작의 신, 나아가서는 토지의 신을 의미하고, 거기서 그런 신들을 모시던 건축물을 가리키게 되었다. '사'는 마을의 중심이

되고 마을사람들은 '샤'에 모여 서로 말하고 중요한 것을 결정하게 됐던 것이다. 그렇게 '샤'는 사람들의 모임, 조직 집단을 가리키게 된 것이었다. (…) 원나라 말엽에 '샤'는 행정의 가장 작은 단위였다. '농가 50호로 사가 된다'고 당시의 문헌에 남아 있다. (…) '샤'는 다름 아닌 커먼즈 그 자체였다고 해도 좋다.[11] (같은 곳)

• •

11. (역자주) 예컨대 '샤(社)'는 회사, 신사, 단체, 결사를 뜻하며, '오샤 (御社)'라는 낱말은 상대방의 회사 또는 신사를 높여 부르는 말이 고, '샤'의 훈독인 '야시로'는 신을 모신 건물, 곧 신사를 뜻하는 말이다. 인용된 우자와의 이 대목은 '함께—모임—공유·공동결정' 이라는 커먼/코뮨의 성분과 결속되고 있는 '샤'라는 낱말의 기저 에 깔린 신성에 대해 말해주는 것이기도 하다.

3. 화전수렵민의 사회

시바 촌의 '협동자조'

야나기타가 농정학자·관료로서 조사여행을 하던 중에 충격을 받은 사건이 있다. 그것은 1908년 5월부터 규슈·시코쿠 여행에서 시바 촌이라고 하는, 화전과 (멧돼지) 수렵으로 생활하고 있는 산촌을 보았던 때이다. 그가 '산인'에 대해 쓰기 시작했던 것은 그 일 이후이다.

야나기타는 우선 시바 촌에 관하여 촌장에게서 얻은 자료를 사용해 『후수사기』를 썼다. 다음으로 친구 사사키 기젠에게서 듣고 적은 것을 근거로 『도노 이야기』를 썼다. 그 작업들은 야나기타 '민속학'의 발단으로 여겨지고 있다. 하지만 야나기타 자신은 그것들을 민속학이라고 생각하지는 않았다. 게다가, 뒤에 서술될 것처럼 그는 그 이후에도 좁은 뜻에서의 민속학을 지향했던 적이 없었다. 그가 생각하고 있던 것은 협동조합 혹은 '협동자조'의 문제였다.

그가 '산인'에 관심을 갖게 됐던 것은 덴구와 같은 괴이담 때문이 아니라 시바 촌에서 충격을 받았기 때문이다. 그 점은 『후수사기』보다도 「규슈 남부지방의 민간풍습」이라는 논고에서 보인다. 그는 그 논문에서 '사회주의의 이상이 실행되는 시바 촌'이라는 소견을 덧붙였다.

> 이 산촌에는 부의 균등한 분배와 같은 사회주의의 이상이 실행되고 있었던 것입니다. 그것은 "유토피아"의 실현이며 하나의 기적이라고 하겠습니다. 그러나 실제 주민들은 반드시 높은 이상에 내몰려 그것을 실시하고 있는 것은 아니었습니다. 토지에 대한 그들의 사상이 평지에 있는 우리들의 사상과는 전적으로 다르기 때문으로, 그 어떤 번잡함 없이 그런 분할방법이 행해지고 있는 것입니다. (「규슈 남부지방의 민간풍습」)

여기에 이상적인 '협동자조'의 실천이 있다. 그것은 '"유토피아"의 실현'이었다. 그들에게는 '부의 균등한 분배와 같은 사회주의의 이상'이 실현되고 있었다. 야나기타가 놀랐던 것은 물론 괴이한 것 때문이 아니었다. 그의 농정이론이 지향했던 것이 거기에 있었기 때문이다. 즉 그 산촌의 사회에서 평지의 농촌에는 없는 '사회주의'를 발견했기 때문이다. 그에게 그것은 '기적'이었다. 나라마츠 노부히사는 다음과 같이 쓰고 있다.

> 야나기타는 시바 촌이 벼농작에 의존하지 않고 화전이나

수렵을 통해 살아가는 산촌이라는 것을 발견했고, 바로 그런 점이 야나기타가 그곳의 생활형태에 관심을 가지게 된 배경이었다. 그는 거기에 사는 사람들을 '산인'이라고 부르고, 평야에 살고 있는 사람들과의 차이점을 강조한다. 특히 저서 『후수사기』는 주로 수렵 용어^{狩詞}를 소개하는 체제를 취하고 있지만, 야나기타에게 그들의 멧돼지 사냥이 갖는 형태는 자신의 산업조합론과의 결속을 암시하게끔 했다. 멧돼지 사냥을 나서는 경우에는 노련한 자의 지휘 아래 각자가 자신의 역할을 분담하여 수행된다. 야나기타에 따르면 멧돼지 사냥이란 협동과 자조의 정신을 전제로 성립하는 수렵이었다. 그는 시바 촌의 멧돼지 사냥에 산업조합의 정신을 겹쳐서 관찰하고 있었다. (「야나기타 구니오 농정학의 전개」, 2010)

야나기타가 시바 촌에서 보았던 것은 요괴와 같은 것이 아니었으며, 또 단순히 이전 시대의 생산형태와 같은 것도 아니었다. 그가 거기서 발견했던 것은 평지와는 다른 '토지에 대한 사상', 즉 공동소유의 관념이었다. 나아가 중요한 것은 생산에서의 '협동자조'였다. 그러한 것들은 그들이 화전과 수렵에 종사하고 있다는 점, 즉 유동적 생활로부터 유래하는 것이었다.

산인[야마비토]의 사상

야나기타가 산인에 관해 쓰기 시작했던 것은 그 이후이다. 엄밀히 말하자면 그가 시바 촌에서 봤던 사람들은 '산민^{山民}'이지

'산인'이 아니다. 야나기타도 그 둘을 구분하고 있었다. 그는 산인을 선주이민족의 후예라고 생각했다. 텐구 이외에 괴기한 이미지로 이야기되곤 하는 것이 산인이다. 『산인의 인생』에서는 상카 혹은 마타기[12]에 대해 서술되고 있지만, 그들 또한 산인이 아니라 산민이다.

마찬가지로 시바 촌의 사람들도 산인이 아니라 산민이었다. 나아가 야나기타는 그 땅에 '이인종異人種'인 산인이 선주민으로서 먼저 있었고 그 이후로 산민이 찾아왔다고 본다.

일본에서는 고대에도 중세에도 무사는 산지에 살면서 평지를 제어했던 것입니다. 고대에는 규슈의 산 속에 대단히 영악한 인종이 살고 있었습니다. 역사를 보면 히젠의 기시군郡, 분고의 오노군, 히고의 기쿠치군 등의 지방 곳곳에 산지를 둘러싼 성이 있었던 것은 모두 그 산지의 만민蠻民을 대비한 요충경계선隘勇線이었습니다. 그들 만민이 크게 패한 이후에 이주해온 호족 또한 대체로 산 속에 살고 있었습니다. 이후에 무사가 평지로 내려가 살게 된 때부터는 산지에 남은 인민은 차례로 그 세력을 잃고 평지 사람의

----

12. (역자주) 상카(サンカ)는 과거 일본의 산지에서 살던 방랑민 집단. 그들을 부르는 상카(山窩; 산 속 움막)라는 명칭은 주로 경찰에 의해 편의적으로 호명된 이름이며, 거주지 불명의, 범죄 가능성을 지닌 단위집단으로 분류되었다. 그 이름 이외에도 '山家' '三家' '散家' '傘下' 등이 있다. 마타기(マタギ)는 도호쿠에서 기타칸토에 이르는 산악지대에서 수렵으로 생활하던 사람들을 가리킨다.

압박을 느끼지 않고는 살 수 없게 되었던 것입니다. 말하자면 그것은 쌀을 먹는 인종, 수전에서 경작하는 인종이 밤을 먹는 인종, 화전하는 인종을 바보로 취급하는 형태입니다. 그 점에 있어 철저히 약자인 산민에 동정을 표하게 됩니다. (「규슈 남부지방의 민간풍습」)

선주민은 뒤쫓겨 산인이 되었다. 그 이후에 산지로 이주해왔던 사람들이 있다. 그들이 산민이다. 그들은 수렵채집을 할지라도 이미 농업기술을 가지고 있었다. 야나기타가 생각하기에, 그들은 말하자면 무사=농민에 다름 아니었다. 그들은 평지에서 수전 경작과 그것을 통치하는 국가가 생긴 이후에 그것으로부터 도망친 자들이고, 평지세계에 대항하는 동시에 교역하고 있었다. 동쪽 지역도 서쪽 지역도 무사의 기원은 그러한 산민이었다고 할 수 있다. 그 중에서 무사가 평지나 중앙으로 떠난 이후에 남았던 것이 현재의 산민이다.[13]

..
13. 야나기타가 말하는 '산민'은 동남아시아 대륙부나 중국 남부에서는 아직 다수 존재하고 있다. '조미아[Zomia]'라고 불리는 이 영역의 산지민을 고찰한 제임스 스콧은 그들을 원시적인 단계에 속한 산악민족으로 보는 관점을 부정했다(『조미아』, 2013[국역본으로는 제임스 C. 스콧, 『조미아, 지배받지 않는 사람들: 동남아시아 산악지대 아나키즘의 역사』, 이상국 옮김, 삼천리, 2006]). 산지민은 평지의 국가를 거부하고 도망갔던 사람들이다. 때문에 그들은 평지를 향할 수도 있었다. 평지의 국가는 언제나 산지민 세계와의 상호관계 속에서 존재해왔던 것이다. 이는 일본 무가정권의 역사를 볼 때에도 참고가 된다. 일본의 고대국가는 말하자면

따라서 산민은 평지인과 대립하면서도 서로 의존하는 관계이다. 한편, 순수하게 수렵채집민이던 산인은 그러한 산민과는 달랐다. 그러나 실제로 산인을 발견하는 것은 불가능하다. 다만 산민의 존재방식으로부터 그것을 엿보아 알 수 있을 따름인 것이다. 야나기타가 그런 산인에 관해 몰두하기 시작한 것은 시바 촌의 산민과 만난 이후였다. 만약 시바 촌에서 그들 산민과 만나지 못했더라면 산인에 관해 쓰는 일은 없었을 것이다. 그럼에도 썼다고 한다면, 그것이 「덴구 이야기」 같은 괴이담으로 나오지는 않았을 것이다.

시바 촌에서 야나기타가 놀랐던 것은 '토지에 대한 그들의 사상이 평지에 있는 우리들의 사상과는 다르기 때문'이었다. 그에게 귀중했던 것은 그들 속에 남아 있는 '사상'이었다. 산민이 가진 공동소유의 관념은 유동적 생활로부터 유래한 것이다. 그들은 이민족으로 간주되지 않는다. 때문에 산인이 아니라 산민이다. 그러나 '사상'의 차원에서 산민은 산인과 같다. 야나기타는 그 사상을 '사회주의'라고 부른다. 그가 말하는 사회주의는 사람들의 자치와 상호부조, 즉 '협동자조'에 근거한다. 그것은 근본적으로 유동성과 분리되지 않는 것이다. 산민이 현존하는 것과 달리 산인은 발견되지 않는다. 그러나 산인의 '사상'은 확실히 존재한다. 산인은 환상이 아니다. 그것은 '사상'으로서 존재하는 것이다. 『도노 이야기』의 「서문」에서 야나기타는 말한다. "국내

• •

산지민이었던 동쪽 지역 및 서쪽 지역의 무사=농민을 끝내 정복할 수 없었으며 거꾸로 그들에 의해 제압당했던 것이다.

의 산촌이면서도 도노보다 더 물정 깊은 곳에서는 무수한 산신산
인山神山人의 전설이 있을 터. 바라건대 그것에 대해 이야기하여
평지인을 전율시키기를." 야나기타가 그렇게 썼던 것은 시바 촌
에서 '협동자조'의 실천을 보고 충격을 받았기 때문이라고, 마츠
자키 겐조는 쓰고 있다(「두 가지 모노モノ[(사물]의 틈새에서」, 『현
대사상』, 2012년 10월 임시증간호). 즉 야나기타가 전하여 평지
인을 '전율'시키고자 했던 것은 괴이담이 아니라 산촌에서 목격
했던 다른 사회, 다른 삶의 방식이었다. 평지인에게는 있을 수
없는 것이 실제로 있었다. 괴이하다고 해야 할 것은 바로 그것이
아니겠는가.[14]

14. 『도노 이야기』의 「서문」에서 야나기타가 쓴 당돌하고 격앙된
    문구는 『공산당 선언』에서 마르크스가 쓴 문장을 상기시킨다.
    "하나의 요괴가 유럽을 떠돌고 있다 — 공산주의의 요괴가. 옛
    유럽의 모든 권력이 그 요괴를 퇴치하기 위해 신성한 동맹을
    맺고 있다."['요괴'의 원어는 "das Gespenst"] 이를 야나기타가
    실제로 의식하고 있었을 가능성이 있다. 일본에서 고토쿠 슈스이
    등에 의한 번역이 나왔던 것은 1904년이고 『도노 이야기』가
    간행됐던 것은 대역(大逆) 사건이 있던 해(1910)이다. 그것들이
    단순히 부합하는 것이라 할지라도, 적어도 야나기타가 '산인'과
    사회주의를 결속시키고 있던 것은 시바 촌에 관해 쓴 것을 보면
    명료하다. 야나기타는 요괴에 관한 생각을 하이네의 『유형(流刑)
    에 처해진 신들』로부터 배웠다고 말한다. 즉 유럽에서는 그리스
    도교가 들어옴으로써 뒤쫓기게 된 종래의 신들이 요괴가 되었다
    는 것이다. 하지만 하이네에 관해 잘 알고 있던 야나기타는 하이네
    와 마르크스의 관계도 알고 있었을 것이다. 참고로 마르크스(181
    8~1883)는 하이네(1796~1856)와 1843년부터 2년 정도 망명지
    파리에서 친하게 교류했다. 하이네가 『유형에 처해진 신들』(185

3)을 구상했던 것은 그 무렵이었다. 이후 1848년에 마르크스는 엥겔스와 함께 『공산당 선언』을 간행했다. [대역 사건은 이른바 '고토쿠 사건'이라는 이름의 날조된 대역죄(大逆罪) 처분, 곧 메이지천황 암살계획의 주범으로 고토쿠 슈스이를 비밀리에 체포·처형하고 뒤이어 전국의 사회주의자 및 아나키스트를 탄압한 사건. 『공산당 선언』의 공역자 고토쿠 슈스이는 『기독말살론』(1910)의 저자이기도 하다.]

제3장

실험의 사학

1. 공양을 바치는 것으로서의 민속학

민속학과 민족학

야나기타 구니오에게 농정학은 협동조합으로 집약된다. 그렇다고 한다면 그가 "산인"에 대해 주목했던 것은 농정학을 떠나 있는 게 아니다. 민속학으로 보이는 그의 저작은 평지인, 즉 벼농작민을 상대로 과거에 있을 수 있었던 것을 상기시키고 그것이 불가능한 것이 아님을 깨닫게 하기 위해 써졌다. 그가 "산인"에서 발견했던 것은 '협동자조'를 가져오는 기초적 조건으로서의 유동성이었다(「보론」 참조).

지금 수렵채집민은 평지에는 존재할 수 없다. 과거에 그들은 평지에 있었지만 뒤쫓겨 산으로 도망갔던 것이다. 그리고 그들을 궁지에 몰아넣은 평지의 농경민은 그들 "산인"을 까닭 없이 기분 나쁜無氣味な[왠지 모르게 공포스런] 존재로 간주했다. 이러한 사태가 일본에 한정되는 것이 아니라는 것을 야나기타는 알고 있었다. 그는 선주이민족으로서의 산인을 아이누나 대만의 선주민으

로부터 생각했다고들 말한다. 그것은 틀린 게 아니다. 그러나 그것으로 그의 민속학이 식민지주의나 제국주의와 결속되어 있다고 말하는 것은 비판이 될 수 없다. 애초에 그렇지 않은 민속학이란 존재하지 않는 것이다.

야나기타는 "현재 일본의 학계에는 민속학이라는 것이 두 가지 있다"(「실험의 사학」)고 말한다.[1] 민속학(포크로어[Folklore])과 민족학(에스놀로지[ethnology])이 일본어로는 같은 발음이기 때문에[둘 다 '민조쿠가쿠'] 헷갈리기 쉽다는 것이다. "어느 나라든 민속학은 내셔널하며 주로 자신들 동포의 문화를 논구하지만, 드물게는 어떤 한 미개종족의 과거 생활을 더듬어 찾기도 한다. 이에 반해 자신들 나라만의 에스놀로지라는 것을 주창한 이는 아직 오늘날까지는 없다."(같은 곳, 강조는 원문) 그 둘은 서양에선 엄연히 구별되고 있다.

그러나 일본에서 그것들이 혼동되는 것은 발음 때문이 아니다. 일본의 연구자, 아니 야나기타 자신이 에스놀로지의 관점에서 '동포'를 보았던 것이다. "지금으로부터 반세기도 더 지난 것을 회고해본다면, 일본이 자국인의 토속지誌를 승인했다는 사건 하나가 이 학문[토속학·민족지연구]의 역사에 무엇보다 중요한 하나의 전환기가 됐음을 알 수 있다. 후회되는 것은 아무것도 없다. 그 사건 하나가 있음으로써 토속학은 일단 민속학에 가까워졌던 것이다."(『민간전승론』)

• •

1. (역자주) 인용된 문장 속 '민속학'은 한자 아닌 가타카나로 표기되어 있다. 여기서는 고딕체로 그 이질성을 표시했다.

왜 서양에서는 그것들이 구별되어 있는가. '미개종족' 혹은 선주민을 탐구하는 민족학은 식민지주의에 의해 부수적으로 생겨났던 것이다. 그것이 피비린내 나는 침략·정복의 소산이라는 것은 누구에게도 명확하다. 다른 한편 민속학은 '동포의 문화'를 연구하는 것이다. 그 둘을 구별하는 태도가 두 학문이 형성됐던 서양에서는 본디부터 있었던 것이다. 그러나 야나기타에게 그것들은 엄밀하게 구별될 수 있는 게 아니었다.

역사적으로 민속학은 민족학 없이는 존재할 수 없었다. 즉 민속학이란 바깥쪽에서 발견한 '미개사회'를 안쪽의 '동포'에게서 발견하는 것이다. 민족학이 식민지주의의 하인이라는 비판은 예전부터 있었다. 사정이 그렇다면 민속학도 그 점을 면할 수 없는 것이다. 그러나 서양의 민속학자는 그렇게 생각하지 않았다.

한편 야나기타는 민속학을 시작한 최초의 단계에서, 억압받았던 선주민의 후예로서 산인을 보았다. 그 즈음 야나기타가 아이누나 대만의 선주민을 참조했건 것은 당연한 일이다. 또 그는 고대일본사를 염두에 두고 있었다. 그런 뜻에서 야나기타의 학문을 민속학, 민족학, 역사학 중 하나로 분류해버리는 일은 불가능하다. 그것은 야나기타의 이론적인 불순함을 의미하는 것이 아니다. 그것들을 구별할 수 있다는 생각은 자기만족적인 것이다.

하이네 『유형에 처해진 신들』
야나기타에게 민속학은 민족학 혹은 역사학과 분절되지 않는다. 그것은 야나기타만의 특이한 생각이 아니다. 그것들은 애초에 분절되지 않는 것이다. 하지만 그것을 야나기타가 깨달았던 것은 확립된 민속학을 그가 알기 이전에 하이네의 『유형에 처해진 신들』을 읽고 있었기 때문이다.

유럽에서 민속학적인 관심은 근대화 혹은 자본주의화에 의한 급격한 사회 변화로 사라져간 전통문화에의 낭만주의적 동경이나 민족의식의 고양 속에서 생겨났다. 특히 독일에서 민속학은 폴크스쿤데(Volkskunde)로 불리며 폴크스(독일민족/독일국민)에 공통되는 정신의 발견이라는 민족주의적인 색채가 농후했다. 그 속에서 유대계 하이네는 완전히 달랐다. 그는 독일적인 의미에서 민속학적이지 않았다. 야나기타의 민속학은 오히려 거기로부터 유래했던 것이다.

하이네에 따르면 유럽의 숲 속에 있는 요괴는 그리스도교가 도래하기 전부터 신앙되던 신들이었다. 그러나 그러한 신들이 퇴락했던 것은 단순한 종교적 현상이 아니었다. 실로 억압받았던 것은 신들만이 아니다. 무엇보다도 먼저 인간이 억압받았다. 요괴로 간주되었던 것은 신들보다도 인간이었다. 예컨대 미슈레가 『마녀』에서 썼던 것처럼 마녀 혹은 마녀를 따르는 자로서 처형됐던 것은 어떤 식으로든 고유신앙을 보존했던 사람들이었다. 그들은 '산'은 아니지만 '숲' 속으로 도망쳤던 것이다.

유럽에서 그리스도교 속의 이단으로 억압받은 자들은 실제로는 고유신앙과 관계되어 있었다. 예컨대 카타리파[2]는 각각의 사

●●
2. (역자주) Katharer, 순결파. 그노시스(靈知)주의적 이원론, 곧 사랑·

86

람들에게 신성이 있다고 여기면서 성직자의 특권을 부정했고 남녀의 차별을 부정했다. 그러한 종교가 사회운동과 결속하는 것은 당연한 일이다. 따라서 그들은 흔적도 없이 섬멸당했다. 요컨대 유럽에서의 민속학이 혹여 그리스도교 이전의 고유신앙을 탐색하려는 시도라고 한다면, 그것은 고유신앙을 지닌 사람들을 대량으로 참살해왔음을 먼저 인정하는 일 없이는, 그리고 그 죄를 대속한다는 의식 없이는 존재할 수 없을 터이다.

그러나 그런 의식은 서양의 민속학에는 없었다. 민족학(인류학)에도 그런 의식이 없었기 때문이다. 인류학자가 식민지주의의 공범자라고 하는 "원죄"를 자각하게 됐던 것은 20세기 중반에 되고 난 다음이었다. 이와는 달리 민속학 쪽에서는 그런 자각이 없는 그대로이다. 그 속에서 야나기타는 다른 민족을 대상으로 한 민족학과 자민족을 대상으로 한 민속학을 구별하지 않았다.

시바 촌 화전수렵민의 모습을 본 이후에 야나기타는 산인을 생각했었다. 그의 출발점은 다음과 같은 인식이다. "현재 우리들 일본국민이 숱한 종족의 혼성이라는 것은 실제로는 아직 완전히 입증된 것은 아닌 듯하지만, 저의 연구는 그 점을 움직일 수 없는 통설이 된 것으로, 다름 아닌 출발점으로 삼고 있습니다." (「산인고山人考」)

야나기타의 생각으로는 벼농작민족(天ツ神[아마츠카미(신화 속 하늘

• •

　　평화·순수·질서·구원의 신과 이 세상의 악(악한 이 세상)을 창조·관할하는 '세계의 왕(Rex Mundi)'으로서의 신을 선명하게 구획하고 전자의 힘에 의한 후자의 최후를 신앙했다.

에 있는 신들의 총칭)이 도래함으로써 그때까지의 수렵채집민(國ㄱ神 [구니츠카미(하늘에서 땅으로 내려온 신들의 총칭)])은 거기에 종속되거나 산으로 도망쳤다. "나의 추측으로는 상고사 속의 구니츠카미가 끝에 둘로 나눠져 절반은 마을로 내려가 상민에 섞여들고 나머지는 산으로 들어가 머무르면서 산인이라고 불렸던 것이지만, 후세에 이르면서 점차로 그 명칭을 쓰는 이들은 없어졌고 다만 [신]선仙이라는 글자를 야마비토라고 읽고 있는 것입니다."(같은 곳) 그러하되 그 산인은 야나기타에게 과거의 이야기가 아니었다.

소생의 믿음에 따르면, 산인은 이 섬나라에서 오래전에 번영하며 살았던 선주민의 자손이다. 그 문명은 크게 퇴보했다. 고금 3천 년 사이에 그들을 위해 써진 한 권의 역사도 없다. 그들 종족이 거의 절멸된 것이 아닌가라고 생각되는 오늘날, 그들에게 있어 불구대천인 적의 한 조각인 소생의 손으로 그 역사를 써보려는 것이다. 그것만으로도 그들은 참으로 가여울 수밖에 없는 인민이다. 그러나 그런 소생에게도 10여 세대 이전의 선조가 누군지는 확정적이지 않다. 그들 선주민과 전혀 혈연이 없다고 단언할 수는 없는 것이다. 앞뒤 없이 산 속이 좋거나, 같은 일본인 속에서도 단지 보기만 해도 전율할 정도로 싫은 사람들이 있음을 생각하면, 오직 신만이 아는 어떤 힘줄筋로부터 산인의 피를 유전 받고 있는 것인지도 모르겠다. 하지만 그런 것은 염두에 두지 않는다. 여기서는 명예를 가진 영원한 정복자의 후예다운 위엄을 보존하면서 저 타키투스가 목이만인木耳蠻人·게르만인을 그렸던 것과 마찬가지의 뜻으로 그들의 과거에 임하고자 하는 것이다. 다행히 다른 어떤 날 한 권의 책을 완성할 수 있게 된다면, 그것은 어쩌면 좋은 공양이 되지 않을까 생각한다. (「산인 외전 자료」, 강조는 인용자)

야나기타에게 산인에 관한 연구는 '공양'을 의미했다. 멸절당한 선주민을 정복자의 자손이자 그 선주민의 피를 이어받았을지도 모를 자신이 '한 권의 책'을 씀으로써 애도하는 일. 즉, 야나기타는 정복하는 자와 억압되는 자를 동일한 레벨에서 생각하고 있었다. 그것이 그 학문의 특성인 것이다. 따라서 아나기타에게는 식민지 아래의 '미개사회'를 고찰하는 민족학과 '동포의 문화'를 탐구하는 민속학 간의 구별이 존재하지 않았던 것이다.

2. 산인[야마비토]과 섬사람[시마비토]

'고립된 섬의 고통孤島苦'을 발견함

일반적으로는 이렇게 여겨지고 있다. 야나기타는 예전에 '산인'에 대해 생각했었지만 쇼와 연간에 들어와 그것을 포기하고, 전후에는 『바다 위의 길』이 보여주듯 남도(오키나와)에서 벼농작=일본민족의 기원을 구했다고 말이다. 그러나 그런 통념은 옳지 않다. 정확하게는 1920년이 야나기타가 오키나와로 향했던 때다. 게다가 그 다음 해 국제연맹의 위임통치위원으로서 제네바로 갔었다.

앞서 서술했듯이 무라이 오사무는 야나기타가 관료로서 한일병합에 깊이 관여했던 일을 지워 없애기 위해 오키나와로 향했고, 그럼으로써 남도에 기원을 둔 일본민족의 동일성이라는 신화를 만들어냈다고 쓴다(『남도 이데올로기의 발생』). 야나기타가 관료로서 한일병합에 관여한 일을 뉘우쳤던 것은 사실일 것이다. 하지만 그런 과거로부터 달아나기 위해 오키나와로 갔다고 말하는 것은 옳지 않다. 왜냐하면 퇴관 이후에 오키나와로 여행했지만 그 바로 직후에 제네바로 갔기 때문이다. 그것은 한일병합의 문제로부터 이탈하는 것이 아니라 그것을 보편적인 관점에서 다시 보는 일이었다. 그리고 제네바에서 귀국한 이후부터는 아사히신문의 논설위원으로서 식민지 문제 등에 관해 논했다. 예컨대 미국의 배일排日 이민법에 대해 그것을 인종차별이라고 분격하는 여론 속에서 야나기타는 일본이 이웃 민족에 대해 똑같은 일을 하고 있는 게 아닌가라고 발언한다.

그가 오키나와로 여행했던 것은, 따라서 식민지·이민족 통치 문제에 관여한 일을 지우기 위해서가 아니었다. 남도 또한 식민지·선주민문제의 장이었기 때문에 갔던 것이다. 오키나와로 가기 전부터 야나기타는 남도에 관해 생각하고 있었다. 그 이유 하나로, 해군 군인으로서 미크로네시아 제도(독일령)에 관여하고 있던 친동생 마츠오카 시즈오로부터 남도에 관해 듣고 있었던 일을 들 수 있다. 제네바의 국제연맹에서 남양 군도의 신탁통치를 담당했던 때, 야나기타는 이미 남도에 관한 생각을 가지고 있었다.

혼히 남도로 향했을 때의 야나기타는 선주민으로서의 '산인'을 포기했다고들 말한다. 그러나 남도에서 그는 산인의 문제를 다른 각도에서 생각했던 것이다. 예컨대 1904년 인류학자 도리 류조는 오키나와 본섬에서 돌기가 붙은 승문繩文[새끼줄 무늬(삿무늬)] 토기를 발견하고 오키나와가 일본 본토内地와 문화적으로 공통되고 있음을 주창했다. 그것을 승문인이라는 이름으로 부를 것인가의 여부는 제쳐두고서도, 오키나와에 승문 토기와 유사한

토기를 가진 수렵채집민이 있었던 것은 틀림이 없다. 그렇다면 그들은 도래해온 벼농작민에 의해 내몰려 쫓겨났거나 완전히 그 속으로 흡수되었다는 말이 된다.

일본 본토에서는 벼농작 농경민이 도래했을 때 수렵채집민은 쫓겨 '산'으로 도망쳤다. 그런데 남도에서는 도망갈 '산'이 없다. 남도의 선주민은 본토의 선주민과는 다른 조건에 놓여 있었다. 그 조건이란 '섬' 그 자체에 있다. 『산의 인생』에서 야나기타는 다음과 같이 쓴다. "아무것도 의지할 것 없는 약한 인간, 그저 어쩌더라도 이전의 무리들과 함께 있을 수 없는 사람들에게는 죽거나 아니면 당장 산으로 들어가는 방법밖에는 없었다." "사람들에게는 여전히 특정한 까닭 없이 어슬렁어슬렁 산으로 들어가는 버릇 같은 것이 있다."

그러나 '섬'은 바다로 둘러싸여 있다. 바다가 있기 때문에 자유롭기는 하지만 동시에 바다에 구속된다. 어슬렁어슬렁 바다로 나가는 사람은 없다. "섬에서는 몇 가지 사유가 구비되어 성숙하지 않으면 용이하게 다른 섬으로 옮겨갈 수가 없기 때문에, 좋은 상태가 오더라도 잠시 동안은 얼마간 무리하며 참고 견디면서 머물러 있게 되는 게 아닐까 한다. 섬의 인구가 때때로 쉽게 증가하고 그럼으로써 동족투쟁이 쉬 격렬해지는 것은, 오늘날처럼 정치국경이 까다로운 시대에도 여전히 **육지로 연속되어 있는 대륙국**에서는 경험할 수 없는 성격을 띤 것이다. 이는 요컨대 바다란 자유로운 것인 동시에 특수한 구속이기도 했었음을 말해준다."(「섬 이야기」, 『청년과 학문』, 강조는 인용자)

야나기타는 남도로 향했을 때, 그때까지는 고려하지 않았던 섬에서의 생[명]의 조건을 발견했다. 그것은 야나기타가 1921년 오키나와에서 행한 강연 「세계고世界苦와 고도고孤島苦」의 제목을 따라 말하자면, '고도고[고립된 섬의 고통]'라고 할 수 있는 것이다. "여러분의 소위 세계고라는 것을 더 주의 깊게 보라, 그것의 절반은 고도고다." 그것은 두 가지 측면에서 말할 수 있다. 오키나와의 섬들이 일본 중앙으로부터 차별받고 있을 뿐만 아니라, 그 섬들 안에서도 본섬과 미야코시·야에야마 사이에, 나아가 그 주변 섬들 사이에 마찬가지의 계층적 차별과 수탈관계가 있었다.

> 오키나와의 지식인 계급에 속하는 사람들은 언제나 중앙부 문화의 은혜가 고도의 이곳저곳에 두루 미치지 않고 시운이 그들을 뒤로 남겨둔 채 계속 나아가고 있는 게 아닐까를 걱정하고 있을 때가 아니다. 나아가 그들은 다른 한편에서 중앙부 일본에 대한 오키나와의 관계와 매우 비슷한 모습으로 오키나와 자신에 종속되어 있는 더 작은 고도들이 있음을 잊고자 하며, 또 때때로 그 고도들을 뒤로 남겨둔 채 자기 홀로 나아가고자 했던 것이다. (「남도 연구의 현상[태]」, 『청년과 학문』)

이는 오키나와만의 문제가 아니다. 중앙의 일본 그 자체가 섬이며 세계의 주변에 있다. '고립된 섬의 고통'은 섬나라 일본에도 들러붙어 있다. '산인'을 생각하고 '산의 인생'을 생각하던 시기, 야나기타는 그 자신이 큰 '섬'에 있다는 것을 잊고 있었던 것이다. 혹여 본토의 일본이 '육지로 연속되어 있는 대륙국'이었다면 뒤쫓긴 선주민들은 밖으로 나갔을 것이다. 하지만 고립된 섬이었기에 그들은 강제적으로 동화되거나 '산인'이 되었던 것이다. 그런 뜻에선 산인이란 고립된 섬이 낳은 사람들인 것이다.

야나기타는 조상혼 신앙에 대해, 죽은 자의 영[혼]은 가까운 산 위로 향한다고 말했다. 그러나 오키나와에서 조상혼은 바다 건너편(니라이카나이[3])으로 간다. 거기서는 어느 쪽이 아르케타입祖型[4]인지를 물을 수 없다. 오키나와에는 본토처럼 산이 없다. 때문에 조상혼은 바다 건너편으로 간다. 야나기타는 본토의 산 위에서 보았던 것을 오키나와에서는 바다 건너편에서 보았다. 하지만 산인가 바다인가는 중요하지 않다. 또 어느 쪽이 원형이라고 말할 수도 없다. 어느 쪽이든 고립된 섬에서의 현상이기 때문이다.

이렇게 고도고라는 관점에 섰을 때 야나기타는 새로운 인식과 실천으로 향했다고 해도 좋을 것이다. 제네바로부터 돌아온

3. (역자주) =ライカナイ. 오키나와에서 바다 저편이나 해저에 있다고 믿어져왔던 이상향의 고유명. 내방신(來訪神) 신앙의 하나. 줄여서 니라이 혹은 니르야카나야(=ルヤカナヤ)로도 불린다. 불(火)과 벼의 기원으로 보는 전승도 있으며, 매년 신이 인간 세상을 방문함으로써 풍요와 번영을 가져다준다는 신앙 속에서, 신을 맞이하는 의례나 내방하는 신의 모습을 다양한 가면으로 표현하는 축제가 발달했다.

4. (역자주) "祖型"이라는 낱말은 비교종교학자 미르치아 엘리아데의 방법론이 압축된 『영원회귀의 신화』 1장 "알케팁스(Archétypes)"의 일본어역(한국어본 1장 제목은 "원형과 반복[répétitions]")으로, 초월적 기원과 시초를 갖는, 관례 및 행동의 공통된 모범·규범을 뜻한다.

뒤 야나기타는 다음과 같이 회고하고 있다.

　때문에 지금 혹시 오키나와의 학자들이 한번쯤 이 크고
작은 고도들을 철저히 비교하여, 한편으로 목하 자신들의
친우친족이 가진 고민과 근심이라는 것이 예전부터 오래도
록 극미한 여러 종속된 섬들이 통렬히 맞본 불행과 동일한
것임을 알고, 나아가 다른 한편으로 그것이 또한 일본이라
는 섬 제국 전체가 언젠가는 빠지게 될 참상이라는 것을
각성함으로써, 스스로를 연민함과 동시에 동족국민을 위해
서도 슬픔과 근심의 병근을 찾아 치료의 요점을 발견하는
일에 솔선했더라면, 그들 학문의 빛은 하루아침에 나라의
빛이 되었을 것이고 그에 따라 인간계의 가장 큰 희망 또한
성장했을 것임에 틀림없다. 내가 오키나와 사람들을 향해
역설했던 대강의 요지가 그러했다. (같은 곳)

야나기타는 또 제네바에서 '섬'이라는 조건에 대해 생각했던
것을 다음과 같이 회고한다.

　2년간의 경험으로 내게 도움이 됐던 것은, 섬이라는 것의
문화사적인 의의를 책에다 쓴 사람은 있을지라도 그것이
아직 보통사람의 상식으로 되고 있지는 않다는 사실을 절실
히 느꼈던 점이다. 소위 옛 남양군도裏南洋의 육지는 긁어모
아봐야 사가현 정도밖에는 되지 않지만, 섬의 숫자는 대략
삼천에 그 가운데 칠백은 분명히 사람이 살고 있다. 그러면

순사만 해도 칠백은 있는 거라는 농담을 하는 위원도 있었지만, 그 섬들이 서로 엇갈린 채로 명명백백한 역사를 지니고 어느 정도 다른 생활을 하고 있음은 육지에 이어져 교제하는 대륙의 무리들은 납득할 수 없는 일일 것이다. 밥그릇의 물도 땅의 물도 물은 물이라는 생각은 서양에서 사물을 깨친 우리나라의 외교관까지를 포함해 모두들 갖고 있는 생각이어서 가장 먼저 본국 주변에 대략 수백의 고립생활체가 있다는 것은 생각조차 하지 못한다. 숫자의 많고 적음을 초탈한, '사람'이라는 것의 발달을 적어도 역사의 측에서나마 생각할 수 있는 것이 일본에게 혜택으로 주어진 하나의 기회임을 깨닫지 못한 자들만이 정치를 하고 있다. 그 덕분에 우리는 아직 공평함에 대해 말할 자격이 없다는 생각을 하면서 돌아왔던 것이다. (「제네바의 추억」)

식민지 지배의 고찰

오키나와로 갔던 것은 야나기타에게 일본인의 아이덴티티를 찾는 일이 아니었다. 오키나와인의 경험을 바탕으로, 나아가 일본인의 경험에 근거하여 여러 제국주의 국가의 통치 아래 놓여 있던 각지 섬사람들의 문제를 보편적으로 생각하기 위한 것이었다.

야나기타가 오키나와에 관해 특별히 논하게 됐던 것은, 앞서 서술했듯이 오키나와가 전후 미군통치 아래에 있었고 그 상황이 샌프란시스코 강화조약과 함께 고정화되고 있었기 때문이다. 예컨대 혹시 전후에 도호쿠 지방이 소련에 의해 오래도록 점령되는 일이 있었다고 한다면, 야나기타는 도호쿠 지방에 관해 한층 더 많이 썼을 것이다. 제2차 대전 이전에 야나기타에게 오키나와와 도호쿠는 동등한 가치를 지닌 것이었다. 실제로 그는 1920년, 오키나와에 가기 전에 도호쿠를 여행했다. 그것은 그 두 지방 모두가 그에겐 불가결한 것이었음을 의미한다.

아카사카 노리오는 말한다. "쇼와 첫 해의 야나기타에 의해 발견됐던 것은 이 열도의 남/북과 서/동에 공통되는 기층문화였다."(『도호쿠학 / 잊혀진 도호쿠』, 2009) 야나기타가 도호쿠 여행에서 얻은 인식은 이후 『설국의 봄』(1928)으로 출판되었다. 그러하되 아카사카는 그 저작으로 야나기타는 '벼농작하는 상민들의 도호쿠'라는 이미지를 만들어냈다고 말한다. 즉 벼농작 이전의 도호쿠가 '잊혀졌다'는 것이다.

그러나 제네바로부터 돌아온 이후 야나기타는 1926년 도호쿠에서 다음과 같이 강연하고 있다.

> 도호쿠 지방은 물자의 차원에서 특질을 있음과 동시에 주민의 정신생활의 차원에서도 다른 지방과 차이가 있다. 도호쿠의 주민들은 두 종류로 구별되는 듯하다. 선주민과 이주자 사이에는 눈에 보이지 않는 계급이 있으며, 그 양자는 교묘하게 조화를 이루면서 어울려 있는 듯하다. 도호쿠 사람은 개개의 번영만을 취하지 않고 도호쿠 전체의 관점에서 보는 번영책을 강구하지 않으면 안 된다. (「도호쿠 연구자에게 바란다」)

이렇게 야나기타는 도호쿠에서 벼농작 이전의 선주민 혹은 '산인'을 발견하고 있다. 혹은 '눈에 보이지 않는 계급'을 발견하고 있다. 그 강연은 어떤 의미에선 오키나와에서 행한 강연의 주요 논지와 비슷하다. 즉 남북[오키나와와 도호쿠]에 걸친 일치점이 보여주는 것은 단지 기층문화의 동일성이 아니다. 동일한 것은 남북 모두가 중앙에 의해 억압되고 수탈되는 주변부라는 것이다. 그리고 그런 주변부의 자립과 번영을 위해서는 중앙에 대한 투쟁만이 아니라, 그 내부에 있는 '중심-주변'의 구조 혹은 '눈에 보이지 않는 계급'을 극복할 필요가 있다는 것이다.

야나기타가 제네바에서 몰두했던 것은 그러한 선주민의 문제를 보편적으로 바라보는 일이었다. 그는 서양 여러 국가들의 식민지 지배에 의한 선주민의 파괴를 고찰했다. 그러나 그것은 서양의 국가들만이 아니라 일본도 포함한 것이었다. 나아가 그것은 식민지화된 토지의 사람들을 향한 단순한 동정에만 기인하는 것이 아니다.

많은 일본인들이 아직 생각하고 있지 않는 것이 있는데, 그것은 유럽 식민국의 선례가 반드시 소위 제국주의의 무리에 의해 편의적인 재료만을 이용한 것은 아니라는 점이다. 여러 백인국의 영토확장책은 그것을 통해 원한과 싸움의 씨앗을 심었던 것치고는 기대한 효과를 거두지 못했고, 그렇기에 다만 약간의 자본가를 더 부유하게 함으로써 본국의 정쟁에 병량을 조달할 수는 있었지만 국민 총체의 이익이라는 관점에서 볼 때는 의외로 투하된 노동이나 비용을 보상받지 못하는 결과가 나왔을 따름이다. 이를 요컨대 처음부터 오산이었다거나 중반에도 오산이었다거나 장래에도 그때의 방침이 전부 옳았다거나 하는 식으로 증명하는 일은 어렵다고 하겠다. (「국제노동 문제의 일면」)

위와 같이 야나기타는 식민지 정책이 궁극적으로 불이익을 가져오는 것을 지적하고 있다. 그것은 인도주의적이라기보다는 경제합리적인 관점에서 식민지주의에 반대했던 아담 스미스에 근거한 견해이다. 이 점에 있어서는, 이미 1910년대에『동양경제신보』에 의거한 미우라 데츠타로나 이시바시 단잔이 마찬가지의 이유로 제국주의=‘대일본주의’를 반대하고 자주적인 식민지 정책=‘소일본주의’를 주창하고 있었다. 야나기타의 생각 또한 ‘소일본주의’라고 해도 좋다.

선주민과 농민

제1차 대전 이후에 생긴 국제연맹은 제국주의를 비판하면서도 동시에 그것을 무난하게 존속시키는 짜임새를 가진 것이었다. 야나기타가 관여했던 ‘위임통치’도 그 한 가지 사례이다. 위임통치가 그것 이전의 식민지 지배와 근본적으로 다르지 않다는 것은 야나기타에게 명확한 것이었다. 그럴지라도 국제연맹이라는 기관이 이전까지의 노골적인 제국주의를 제한하는 것이었음도 분명하다. 야나기타는 국제연맹 아래에서 무엇이 가능할지를 생각했다.

그는 식민지 지배가 선주민의 사회를 파괴하고 있음을 지켜

보면서도 동시에 그것을 그저 규탄하는 일만으로는 해결되는 것은 없다고 생각하고 있었다. 그는 식민지 지배가 있든 없든 근대자본주의경제의 침투는 종래의 사회를 해체시키지 않고는 불가능한 것인바, 선주민이 몰락해가는 것은 피하기 어려운 일이라고 생각했다. '선의'에 의해 그들을 보호하는 정책을 채택할지라도 오히려 그것이 그들의 몰락을 점점 더 촉진하고 말 것이었다. 야나기타는 그러한 절대적 상황인식에 서서 선주민의 문제를 생각하고 있었던 것이다.

게다가 한편으로 그런 백인의 지배 아래에서 토인土人의 쇠망은 나날이 심해지는 것이다. 악질과 나쁜 습관의 배로 먼 곳에서 운반되어 왔던 것이 셀 수 없이 많은 상황에서, 애써 선의로 시도한 생활개선의 대부분이 오히려 원주민의 생활력을 방해하고 있다. 전쟁이 끝나 위난이 사라졌다는 것조차 토인으로 하여금 생활의 흥미를 잃게 하는 원인이 되었다. 그들이 존경하고 사랑하는 대상이던 그 지역 추장·명문의 용사들 모두는 세상에 분노해 비장한 최후의 태도를 취했으되, 뒤이어서 더 이상 일어서는 자는 없었다. 우유부단하고 무기력한 개종자만이 백인의 보호를 받았으며, 그들 개종자들에게는 적극적인 생활상의 흥미와 자극이 없었기 때문에 노력이라는 것은 조금도 필요하지 않았고, 그 결과인지 어떤지 어쨌든 출산이 줄어들어 인구는 감소 일변도였다. 과거에 번영했던 섬들이었으되 다시 초목 속으로 들어가 문을 잠근 이들도 많아졌으며, 수년전의 유행성 감기로

일시에 줄어든 인간의 수가 어찌해도 원래대로 돌아올 전망이 없었다. 이 상태 그대로 자연의 흐름에 방임해두는 것은 죄악과도 같다고 느껴졌음에도 이젠 틀렸다는 비관설이 매우 유력했다. 하지만 얄궂은 것은 이 시기가 되어 섬의 생활이 가진 특성이 점점 더 연구됨으로써 지금까지의 대체적 관찰로는 알 수 없었을 토인의 역사가 의미 깊은 것으로, 백인문명과 대립한 전혀 별종의 문명으로서 성장 도중에 좌절당한 것이었음을 마음에 새긴 자들이 생겨났다는 점이다. 그런 중요한 사회학적 문제가 아직 명확해지지 않고 있던 와중에 불행히도 비관론자들의 예언이 적중했던바, 지금 남아 있는 만큼의 자료마저도 소멸해버리는 일이 생긴다면 아마 백인들 속에서도 과거 자신들이 행한 식민정책의 졸렬함과 실패를 후회하고 꾸짖게 될 자가 나오게 될 것이다. (「청년과 학문」, 『청년과 학문』)

야나기타는 선주민을 민족학 혹은 민속학의 대상으로 보고 있는 것이 아니다. 그렇다고 보호해야 할 대상으로 보고 있는 것도 아니다. 그가 바라는 것은 선주민 자신이 '토인의 역사가 의미 깊은 것으로 백인문명과 대립한 전혀 별종의 문명으로서 성장 도중에 좌절당한 것이었음'을 알아차리는 것이었다. 그들의 '협동자조'를 위한 도움으로서 적어도 '지금 남아 있는 만큼의 자료마저도 소멸해버리는 일'이 없도록 하는 것이 중요했던 것이다.

야나기타의 그런 자세는 일본의 농촌을 바라보는 자세와 동일하다. 예컨대 그는 시바 촌의 산민을 칭송해도 그들의 존재양식이 길게 이어질 것이라고는 생각하지 않았다. 실제로 그는 화전농업에 부정적이었다.『산민의 생활』에서는 나가노의 신슈 등 일본의 산들 대부분이 민둥산이 됐던 것이 화전농업의 탓이라고 말하고 있다. 야나기타가 칭송했던 것은 화전이라는 농업기술이 아니라 유동성이 가져온 사회형태이다. 그것은 설령 외견상 화전농업이 남을지라도 사라져버리는 것이다. 단, 산민이 현재 행하고 있는 것을 장래 그들 자신이 다른 레벨에서 실현하리라고 기대하고, 그것을 위해 현재 있는 것을 기억하는 일. 그것이 야나기타의 민속학 혹은 '향토연구'이다. 이는 '공양'과도 같은 것이다. 야나기타는 그것이 장래에 도움이 되리라고 믿었던 것이다.

3. 공민의 민속학

야나기타는 '산인'을 포기하지 않고 있다

흔히들 야나기타가 '산인'설을 철회한 것은 1914년 미나카타 구마구스에 의해 비판받았기 때문이라고들 말한다. 그러나 야나기타는 그것을 포기했던 적이 없다. 앞서 인용했듯이 그는 도호쿠 지방에 지금도 '선주민과 이주민 사이의 계급'이 남아 있다고 말한다. 그리고 그가 남쪽의 '섬'으로 향했던 것도 산인의 부정을 뜻하는 것이 아니다. 사정이 그런데도 야나기타가 1930년대에 다수성을 배척하고 등질적인 일본사회를 상정하는 '일국민속학'으로 향했다는 견해는 씻어내기 어려울 정도로 정착해 있다.

예컨대 가와다 준조는 그런 정설을 따라, 그 포기의 원인이 제네바에 체류했기 때문이라고 추측한다. "유럽 체류생활에서, 특히 민족국가를 지향한 그림 형제의 폴크스쿤데의 존재방식에 자극 받았던 야나기타는 일본국가에 대한 책임감도 반영시켜 일본문화의 전승주체로서 등질적인 '상민'(많이들 지적한 대로 그것의 뜻은 야나기타에게에서도 계속 변전하고 있다)을 상정하는 일본민속학을 밀고나가게 된다.'(「최초 시기의 야나기타를 찬양한다」,『현대사상』, 2012년 10월 임시증간호) 이는 통념에 근거한 오해이다.

야나기타는 제네바에 체류하면서 일본에서 생각하던 산인의 문제를 보편화하고자 했다. 그는 귀국하여 요시노 사쿠조와 함께 아사히신문의 논설위원이 되고 보통선거의 실현을 위한 운동의 선두에 섰다. 나아가 선거의 응원연설에까지 나섰다. 그 한편에서 그는 에스페란토 보급 운동을 시작했다. 오카무라 다미오가 상세히 논했듯이 '유럽 체류생활'의 영향은 오히려 그러한 공적인 활동들에서 봐야만 할 것이다(『야나기타 구니오의 스위스: 유럽 체험과 일국민속학』, 2013).

물론 야나기타의 그런 활동의 결과는 신통치 않았다. 예컨대 모처럼 실현된 보통선거(1928)에서도 결과는 종래와 두드러지게 바뀐 게 없었다. 사람들은 지역에 할거하는 '친분'(유력자顔役)에 따르고 있었기 때문이다.

> 따라서 보통선거가 선거인의 숫자를 격증시키고 친분권 바깥의 사람들에게 자유로이 투표하게 할지라도, 얼마 안 되는 공장지대의 또 다른 통제를 받는 것 이외에 대체로 결과는 예전과 다를 바 없는 것이었다. 즉 산만한 고독 속에서 우리는 아직 자신의 빈핍과 고통의 문제조차 논구해볼 힘을 갖지 못했던 것이다. 동일한 상황에 놓인 사람들과 어떤 방법으로든 결합하지 않으면 해결이란 무의미하다는

걸 알게 됐을 뿐, 더 나아가 그 결합의 방법에 비상한 가치의 차등이 있다는 것까지는 깨닫지 못했던 것이다. (『메이지·다이쇼사 세태편』, 강조는 인용자)

그러하되 야나기타는 거기서 민속학의 새로운 과제를 발견했다. 그 시기 야나기타가 '산인'에 대해 쓰지 않고 있는 것은 그것을 버렸기 때문이 아니다. 그 이유 중 하나는 『메이지·다이쇼사 세태편』(1931)의 서문에서 스스로 쓰고 있듯이 민속학의 방법을 고대사가 아니라 현재로 정향시키고자 했기 때문이다. 그 책의 마지막에 그는 이렇게 썼다. "우리들이 생각해봤던 몇 가지 세태는 사람들을 불행하게 만드는 원인이 사회에 있음을 가르쳐준다. 즉 우리들은 공민公民으로서 병들고 가난한 것이었다." 오오츠카 에이지는 거기서 '야나기타의 가능성'을 발견하고 있다.

야나기타 민속학의 본질을 산인이나 피차별민과 같은 '비非상민'에서 대표적 일본인으로서의 벼농작민인 '상민'으로 연구대상을 전환한 것에서 찾는 관점은 야나기타론의 정설이거나 대전제이지만, 그 둘 사이에 끼워진 형태로, 아직 그 시점에선 '민속학'이라는 이름을 내세우길 주저한 야나기타에게 짧은 순간 '공민의 민속학'이 존재했었다는 것은 역시 야나기타의 가능성으로서 평가해야 한다고 나는 생각한다. (『공민의 민속학』, 2007)

단, 야나기타의 '공민의 민속학'은 그에게 이미 이전부터 있었던 것이라고 나는 생각한다. 그가 '우리들은 공민으로서 가난하다'고 말할 때, 그것은 서양엔 성숙한 시민사회가 있는데 일본에는 없음을 말하고 있는 게 아니다. 그는 '공민'의 가능성을 오히려 전근대 일본의 사회에서 구하고 있다. 그렇기에 민속학이 되는 것이다. 예컨대 두목·부하親分子分[오야붕·코붕]는 부모·자식[오야·코]이라는 상하 종적 형태의 노동조직에 근거한 것이지만, 그것과는 별도로 유이[일종의 품앗이]라는 대등한 노동조직이 있었다. 사람들이 부모·자식관계에 종속되는 것을 벗어나기 위해서는 '산만한 고독'으로 향하는 것이 아니라 타자와 연합하는 유이로 향하지 않으면 안 된다. 서양에서도 시민사회는 중세의 길드로부터 발전했던 것이다. 그런 뜻에서 야나기타가 당초부터 협동조합론으로서 생각해왔던 것도 '공민의 민속학'에 다름 아니다. 나아가 이후 그가 선조신앙으로서 논했던 것도 '공민의 민속학'의 일종이라고 할 수 있을 것이다.

이어 말하자면 중세 일본에서 마을은 가족이나 씨족의 확대가 아니라 이민의 집합으로서 형성된 것이라고 야나기타는 말한다(『일본농민사』). 그 경우 두 가지 타입이 있었다. 하나는 '단일지배 형식', 즉 유력한 호농이 백성·하인을 인솔하여 만드는 것이다. 다른 하나는 '조합 형식', 즉 대등한 개인이 공동으로 개발하는 마을이다. 거기서는 "뭔가 일이 있을 때엔 마을의 회합이라는 것이 진정한[참된] 집행력이었다." 단일지배 형식은 부모·자식에, 조합 형식은 유이에 대응하는 것이다. 야나기타가 '공민'으로서의 가능성을 발견하는 것이 조합 형식인 것은 말할 것도 없다.

식민지주의에 대한 저항

그러나 오오츠카 에이지는 야나기타의 '공민의 민속학' 기획
또한 좌절하며 일국민속학에 갇히게 되었다고 말한다. 제네바
시대를 중심으로 1920년대 야나기타의 적극적인 활동을 상세히
검토했던 오카무라 다미오도 다음과 같이 결론짓는다.

> 1920년대는 야나기타가 복잡한 세계의 표면에서 무엇보
> 다 직접적으로 다양한 장소와 양상에 접촉했던 시대, 아픔
> 과 호기심을 느끼면서 다원적이고 다층적으로 풍부한 진폭
> 속에서 사고하고 활동하면서 무엇보다 사회에 적극적으로
> 영향력을 끼쳤던 시대이다. 그런데 1930년대를 전후로 그
> 의 사고와 활동은 '등질적인 일본'이라는 환상으로 빨려
> 들어감으로써 몇몇 싱싱한 힘의 접선들力線이 봉인되거나
> 안쪽에서 왜곡되기에 이르렀다. (『야나기타 구니오의 스위
> 스』)

그러나 나는 그러한 생각에 반대한다. 야나기타가 1920년대
에 이루고자 했던 것은 1929년의 경제공황, 1931년의 만주사변
에 의해 좌절되면서 끝났다. 그럴지라도 그것에 의해 야나기타
가 근본적으로 변했던 것은 아니다. 예컨대 그는 '일국민속학'을
주창했지만, 그것은 종래의 내셔널리즘과는 다른 것이다.

실은 그 시기의 내셔널리즘이란 '일국'적인 내셔널리즘을 부
정하는 것이었다. 만주로의 개척이민은 말할 것도 없으며 일본
의 병사들은 대륙으로 보내졌다. 오히려 '일국'에 갇혀 있는 것이

허용되지 않았던 것이다. 때문에 그 시기의 내셔널리즘이란 "파시즘"으로 불러야만 할 것이다. "파시즘"은 본질적으로 러시아 혁명에 대한 대항혁명이었다. 즉 단순한 반혁명이 아니라 다른 혁명을 지향한 것이다. 따라서 겉모습에 지나지 않을지라도 그것은 제국주의 및 자본주의를 부정하는 것이었다. 예컨대 고노에 내각의 브레인은 마르크스주의자 미키 기요시나 오자키 오츠미였다. 또 니시다 기타로 이하 교토학파의 철학자들은 제국주의를 부정하고 자본주의와 내셔널리즘을 넘어 '대동아공영권'의 철학적 기초를 제공했다.

현실에서는 제국주의가 계속되고 있었다. 그럼에도 마치 그것이 극복된 듯이 말해졌던 것이다. 민속학에서도 그러한 경향이 나타났다. 비교민속학 혹은 세계민속학의 제창이 그것이다. 야나기타의 제자들도 거기에 찬동했다. 그것을 거절한 야나기타는 고립됐다. 그렇기에 아카사카 노리오의 다음과 같은 지적은 옳다.

야나기타가 일국민속학의 아성 안에서 농성했던 일이 일본이라는 국가가 아시아를 상대로 식민지 침략전쟁을 기도하던 바로 그때라는 점, 즉 '만주사변'에서 '태평양전쟁'으로 이어지는 전쟁의 시대였던 점은 우연이 아니다. 어떤 뜻에서 일국민속학은 전시하의 산물이었다. 설령 소극적인 것일지라도 나는 거기서 시대를 뒤덮어가던 식민지주의에 대한 저항의 의지를 인정하게 된다. 그러하되 그것이 실효성을 거의 갖지 못했다는 점, 단지 관여하기를 거부하는 수동적 수준에 머물고 있었던 점도 부정할 수는 없다. 패전을 맞이한 뒤부터 야나기타의 일국민속학은 상중에 근신하는 것과도 닮은 그 몸짓[태되에 의해 널리 받아들여지게 된다. 야나기타가 이야기해왔던, 섬나라 안에서 침략과도 전쟁과도 관계없이 벼농사 짓던 선조를 숭배하며 사는 상민들의 목가적인 풍경은 아마도 많은 일본인들이 받았던 전쟁의 상처를 치유해줄 것이었다. (『일국민속학을 넘어』, 2002)

그러나 야나기타가 '일국민속학'을 말하기 시작했던 것은 단지 시대정세에 대항하기 위해서가 아니었다. 그의 민속학이 '일국'적이라는 것은 내셔널리즘과는 관계없이, 그가 확립한 방법에서 필연적으로 유래하는 것이었다. 그리고 그것은 야나기타가 '산인'을 끌어들이는 계기가 됐던 사건과도 관계된 것이었다.

4. 민속학과 사학

'농촌생활지誌'와 아날학파

1911년 이래 야나기타는 미나카타 구마구스와 서신을 계속 교환했지만 1914년에 논쟁과 그것에 이은 결별에 이르렀다. 미나카타는 야나기타가 간행한 잡지 『향토연구』를 두고 민속학 연구로서는 불순하고 불충분하다고 생각해 여러 가지를 주문했다. 야나기타는 반론했다. 그 잡지는 민속학을 위한 잡지가 아니라는 것이다.

> 다음으로 그 잡지가 민속학을 위한 것이라고 때때로 말씀하셨던 것에는 괴로움을 느꼈습니다. 이전에 몇 번 간행의 취지를 말씀드렸던 일이 있는바, 소생의 전문은 루랄 에코노미[Rural Economy(농촌경제)]이고 민속학은 여분의 도락입니다. 그 잡지는 학문을 좋아하는 시골 사람들이 지방연구 일반의 취미를 느끼게끔 하는 데에 취지가 있습니다. (1914

년 5월 12일자)

야나기타의 이 편지에 관해 미나카타가 루랄 이코노미를 "지방경제학"으로 번역해 논의를 진전시킨 것에 대해, 야나기타는 "혹여 강하게 번역한다면 농촌생활지라고도 하고 싶었다"고 반론한다(「미나가타 씨의 서간에 관하여」). 이는 야나기타가 서양에서 생각하는 민속학을 지향하고 있지 않다는 것을 보여준다. '농촌생활지'는 분명히 농정학의 연장이다. 때문에 그것을 '향토연구'라고 바꿔 말해도 좋다. 또 야나기타는 '국민생활변천지'를 일본민속학의 별명으로 해도 상관없다(「실험의 사학」)고 말하면서, 나아가 그것을 '민간전승론'이라는 식으로 말하기도 한다.

야나기타는 '향토연구'라는 말을 채용했던 이유를 다음과 같이 서술하고 있다. "포크로어[folklore·민속(학)·민간전승]와 같이 자료채집의 분야를 가능한 한 세부적으로 구별하고, 개개의 지방을 단위로 하는 사고방법 및 그것들 간의 비교들을 통해 어떤 사실이나 어떤 법칙을 밝히고자 하는 학문은 이 향토연구라는 넓은 총칭 속에 포함시킬 수 있다고 믿었기 때문이다."(「향토연구라는 것」, 『청년과 학문』) 요컨대 야나기타가 지적했던 것은 좁은 뜻에서의 민속학이 아니다. 그런 민속학을 포함하는 '향토연구'였던 것이다.

이렇게 보면 야나기타가 농정학에서 민속학으로 이행하고, 나아가 산인에서 상민으로, 비교민속학에서 '일국민속학'으로 이행했다는 것은 이상한 말이 된다. 야나기타는 어떤 의미에선 계속하여 '농촌생활지'를 쓰고 있었던 것이다. 그렇기에 야나기타 민속학은 통상의 민속학과는 다르다. 그것은 사회학이나 역사학을 포함한다. 동시에 그것들로 분절될 수 없는 것이다. 농촌생활지란 농촌생활사이다. 즉, 그것은 넓은 뜻의 역사학인 것이다.

그의 '농촌생활지'는 프랑스에서 마르크 블로크가 페브르와 함께 『사회경제사 연보』를 창시했던 것(1929)과 시대적으로도 평행하고 있다. 블로크는 마르크스주의를 베이스로 하여 민속학, 민족학(사회학), 정신분석을 혼합한 형태로 역사를 썼다. 『왕의 기적』에서 국왕의 몸에 접촉되면 연주창瘰癧[목줄기 갑상선의 종기·염증]이 낫는다는 중세 유럽의 신앙을 다루면서 왕권의 신성화가 성립하는 과정을 보고자 했던 것을 예로 들 수 있다.[5] 그것은 야나기타의 말로 하자면 '괴담'을 통해 사회적 구조나 민중의 심성을 밝히는 일이다.

그렇게 아날(연보年報)학파로 불리는 이 학파의 특질은 통상의 역사학이 단기적인 사건을 중심으로 하는 것에 반해 장기적인 지속의 상태에서 역사를 보는 관점을 제시한다는 점에 있다. 야나기타의 사학도 기본적으로는 그러한 것이었다. 그러나 그의 경우 '민속학'이라고 불렸기 때문에 그것이 새로운 사학이라는 것은 의식되지 못했다. 『메이지·다이쇼사 세태편』은 제목을 보더라도 분명히 역사서, 게다가 방법론적으로 새로운 역사서였음에도 말이다. 야나기타가 '실험의 사학'을 주창했던 것과 '일국

· ·
5. (역자주) 마르크 블로크, 『기적을 행하는 왕』(박용진 옮김, 한길사, 2015)으로 국역됨.

민속학'을 주창했던 것은 별개의 것이 아니다. 그는 그 시점에서 민속학을 명확히 사학의 방법으로 사용했던 것이며, 그렇기에 민속학은 '일국'적이지 않으면 안 되었던 것이다.

야나기타는 역사학의 앎을 문헌이나 유물만으로는 알 수 없는 영역으로 넓히고자 했다. 때문에 민속학의 방법은 불가결했다. 그것은 사람들의 '마음·의사心意'에, 즉 사람들 각각의 주관과 기억에 대해 질문하는 것이지만, 야나기타는 그것들을 겹치고 어우름으로써 공동주관적인 현상을 발견한다. 그는 그것을 '중출重出입증법'이라고 부른다. "우리들의 중출입증법은 예컨대 겹쳐 찍은 사진의 방법과도 같은 것이다."(『민간전승론』)[6] 그러한 방법으로 무엇보다 의지처가 되는 것은 다름 아닌 말이다. "내가 말의 채집에 무게중심을 두는 이유가 실은 거기에 있다." (『향토생활의 연구법』)

'일국민속학'의 조건과 가능성

그러나 민속학을 그런 방법으로 성립시킬지라도 그것을 역사학의 자료로 삼는 데에는 다른 조건이 필요하다. 즉, 어느 것이

6. (역자주) 중출입증법. 문헌 및 사료를 중심으로 한 역사학 방법의 우세 및 폐해를 비판하면서 일상생활의 시공간에 대한 '현지조사', '관찰', '채집'을 '존귀한 것'으로 정립하고자 했던 야나기타적 필드워크의 태도를 보여주는 낱말. 생활의 절단면들을 수집·비교·재구성함으로써, 상호 이격된 것처럼 보이는 것들로부터 공통적으로/관계적으로 겹쳐지는 사실·현상을 도출하고 그 의미를 밝히는 방법.

시기적으로 오래된 것인가를 보여주는 지표가 필요한 것이다. 그 열쇠를 야나기타는 『와우[달팽이]고蝸牛考』에서 일본의 방언이 가진 특징을 통해 발견했다. 그것은 일본열도에서 방언이 중앙으로부터 동서남북으로 파문을 그리는 형태로 넓어졌다는 가설이다. 그것이 '방언주변周圈론'이다. 예컨대 달팽이[가타츠무리]를 가리키는 말은 긴키 지방에서는 '데데무시', 츄부와 시코쿠 일부에서는 '마이마이', 간토와 시코쿠의 다른 일부에서는 '가타츠무리', 도호쿠와 규슈 일부에서는 '츠부리', 도호쿠 일부와 규슈의 다른 일부에서는 '나메쿠지'로 부르듯이 긴키 지역을 중심으로 동심원 형상으로 분포하고 있다. 때문에 남북의 양극에서 방언이 일치하는 경우 그것을 중앙에 있어서의 고층高層으로 간주해도 좋다. 그럼으로써 공간적인 조사를 통해 역사적으로 거슬러 올라가는 것이 가능진다. 그러한 관점에 대해 언어학자는 비판적이었다. 그러나 야나기타는 특정 낱말에 관해 생각했던 것이지 일본어의 일반적인 역사를 대상으로 생각했던 것이 아니다. 한편, 민속학자 미야모토 쓰네이치는 방언주변설이 교토 중심의 관점에 근거한 것이라고 비판하면서 동서의 문화적 차이를 강조했다. 그러나 야나기타의 민속학이 지향했던 것은 '문화의 다원성'을 발견하는 것이 아니라 그 반대였다.

향토연구의 의미는 서양의 여러 나라들에서 말해지는 획지劃地조사법 레지오널리즘[regionalism · 지방(지역)주의]과는 그 점에서 상당히 다르다. 그[미야모토]는 종족의 혼돈 · 조화에 근거한 문화의 다원성을 인정하고 지방들 간에 종종

계통이 다른 점이 있음을 추측·연구하지만, 우리나라는 남쪽도 북쪽도 거슬러 올라가면 오히려 많은 일치점이 보이며, 단지 지형의 차이와 중앙으로부터의 거리에 의해 그 변천의 진행에 지연이 있음을 발견할 수 있을 따름이다.
(「실험의 사학」)

야나기타에게 방언주변설이 성립하는 것은 민속학이 '실험의 사학'으로 되는 데에 불가결한 조건이었다. 그런 조건에 혜택 받은 지역은 좀처럼 없을 것이다. 그 이유 중 하나는 일본이 섬나라였기 때문이다. 야나기타는 말한다. 외국에서 "일국민속학을 만드는 것은 무리한 일일지도 모른다. 그러나 우리나라라면 그 가능성은 충분히 있다." 민속학은 "바로 그렇게 고뇌하며 분투하는 한 나라를 위해 준비됐던 느낌이 있다."(『민간전승론』)

야나기타가 그의 학문을 '실험의 사학'이라고 불렀던 것은 '실험'이라고 부르기에 적합한 조건을 발견했기 때문이다. "현재의 국내적 사실은 대부분 그 변천의 모든 단계를 구석구석 어딘가에 보존하고 있다. 토지 일부만의 견문으로는 단순한 의문에 불과할 기이한 현상이 다수의 비교 속에서 겹쳐보면 홀연히 설명되고, 또는 설명조차도 필요하지 않은 역사의 잇따른 디딤돌이었음을 이야기해주는 것이다."(「실험의 사학」) 야나기타의 '실험의 사학'에 있어 오키나와가 불가결했던 것은 그런 관점 때문이다.

나 자신이 다이쇼 9년[1920]에 오키나와에 갔던 것은 지금
생각해보면 대단히 의미 있는 일이었다. 오늘날에는 이상하
게 보일 정도겠지만, 그 이전에는 일본과 류큐의 관계 문제
는, 예컨대 일류동조日琉同祖론 같은 것을 다양하게 증명하면
서 관여하지 않으면 안 되었던 상태였다. 류큐의 향토연구
를 통해 우리의 무대는 분명히 확대되었고, 신앙의 문제에
서도 사회조직의 문제에서도 방언의 연구에서도 완전히
그 면목을 달리할 수 있었다. 본토에서는 지극히 낡은 것이
류큐에서는 눈앞에 엄존하고 있는 것이었다. 예컨대 신을
모시는 이가 여자라는 것은 문헌 속의 사이구·사이인齋宮·
齋院[신에 봉사하기 위해 뽑힌 미혼의 황녀(皇女)]과 일치하는 것이었
다. (⋯) 집집마다가 각기 분립하기 이전에 집을 노동단위로
간주하지 않는 노동조직의 개념 같은 것도 류큐의 웨카['친
족'을 뜻하는 방언] 관념 속에서 사고되고 있었다. 그것은 오늘
날의 부모자식이 친부모자식이기에 앞서 노동조직의 단위
였다는 것도 알려준다. 류큐와 마찬가지로 향토연구에 진귀
한 재료를 제공했던 곳은 도호쿠 지역이고, 이와테현의
일부에 남아 있는 나고[예속농민] 제도와 같은 것도 일본의
옛적 모습과 거의 다르지 않은 것이다. (『민간전승론』)

오키나와가 중요한 것은 거기에 기원이 있기 때문도 아니고,
다른 것과 차이가 나기 때문도 아니다. 그것이 중요한 것은 동일
한 사실·사건의 현상이 도호쿠와 그 이외의 변경에서 발견될
수 있는 한에서이다. 그것이 '실험의 사학'을 보증했던 것이다.

야나기타는 일본이 '실험의 사학'에 있어 혜택 받은 장소라고 생각했다. 그것은 일본을 특별시하거나 예외시하는 것이 아니다. 거기서 얻을 수 있는 인식은 보편적일 수 있다. 예컨대 야나기타가 '향토연구'라고 말할 때, 그것은 향토의 특이성을 강조하는 것이 전혀 아니었다. 거꾸로 그는 어떤 향토가 특이하다고 생각하는 '지방주의'를 부정했다. "지방주의는 유해합니다. 참된 지방주의는 사실을 밝히는 것, 그럼으로써 결국엔 그 어디든 뛰어나거나 진귀한 것 따위란 없다는 결론으로 갈 다짐이 없어서는 안 됩니다. (…) 간략히 말하자면 쓰여진 것에 대한 불신임, 사실의 재검사가 [참된] 지방주의의 골자입니다."(「도호쿠와 향토연구」)

즉, 지방주의는 자신들의 지방이 특별하다고 믿어버리는 것이기 때문에 부정된다. 그렇다고 해서 지방적인 사실에 입각하지 않는 보편적 관념도 의심된다. 지방의 '사실'로부터 출발하여 '그 어디든 뛰어나거나 진귀한 것 따위란 없다는 결론'에 이르는 것이 '참된 지방주의'이다. 그것이 '실험의 사학'인 것이다.

세계적인 문맥에서 보면 야나기타가 말하는 일국민속학은 어떻게 될까. 혹여 그것이 특수일본적인 것을 발견하는 것이라면, 혹은 내셔널리즘을 고취하는 것이라면 다름 아닌 '유해'한 지방주의가 될 것이다. 물론 문헌에 의지하지 않고 '사실'에 의거하기 위해서는 지방주의가 불가결하다. 단, 그것을 통해 '그 어디든 뛰어나거나 진귀한 것 따위란 없다는 결론으로 갈 다짐'을 하지 않으면 안 된다.

그러한 방식이 가능한 곳은 드물다. 그러나 일국민속학이 가능하다면 먼저 그것을 해야만 한다. "내 생각으로는 외국에서 지금 일국민속학을 만드는 것은 무리한 일일지도 모른다. 그러나 우리나라라면 그 가능성은 충분히 있다. [특]수속지학殊俗誌學 [Ethnology]이 점점 더 진전되고 일국민속학에 좋은 자극과 영향을 줌으로써, 이윽고 세계민속학을 실현시키게 되는 일이야말로 향후 [특]수속지의 사명이라고 해야 할 것이다."(『민간전승론』)

반복하자면 야나기타가 '일국민속학'을 주창했던 것은 '실험의 사학'을 주창했던 것과 분리될 수 없다. 때문에 그의 일국민속학은 내부폐쇄적인 내셔널리즘과 준별되지 않으면 안 된다. 또한 그 시기에는 교토학파로 대표되는 일본 혹은 동양, 서양과의 문화적 차이성, 바꿔 말하자면 문화적 다원성이 강조되고 있었다. 이에 맞서 야나기타는 오히려 문화의 지방적 다원성이라는 생각에 이의를 제기했던 것이다.

5. 오오카미[늑대/대신(大神)][7]와 '작은 자'

늑대에게서 본 유동성

야나기타는 산인에 관해 논하는 일을 그만두었다. 그러나 그것은 산인론을 포기한 게 아니다. 산인론에는 두 가지 의미가 있다. 첫째로 그것은 선주민과 이민족을 뜻한다. 둘째로 그것은 야나기타가 시바 촌에서 본 유동성·유토피아성을 뜻한다. 산인론을 포기한다고 말하는 경우, 통상적으로는 첫 번째 의미에 해당된다. 그 경우 야나기타가 오키나와로 간 것은 산인론의 포기를 뜻하는 것이 된다. 혹은 무라이 오사무가 규탄하듯 식민지주의에 대한 가담을 은폐하는 것이 된다.

7. (역자주) 본문에 가타카나로 "オオカミ"(오오카미, '큰 신'을 뜻함)라는 낱말은 동시에 본문의 "狼"(늑대)와 발음이 같으며, 야나기타는 그 둘의 동일성에 관한 신앙의 문제를 다룬다. 이후 "狼"은 '늑대'로, "オオカミ"는 '오오카미'로 표기한다.

그러나 위의 두 번째 뜻에서, 야나기타는 산인론을 포기하지 않는다. 끊임없이 그것을 추구했던 것이다. 그 점에서 흥미로운 것은 그가 '일국민속학'을 주창했던 시점에서 늑대에 대해 논하기 시작했다는 것이다. 이전에도 야나기타는 늑대를 논하고 있었다. 『산의 인생』에서도 "지금 늑대는 산의 신의 사령으로서, 신위神威를 선포하는 기관에 불과한 것이겠지만, 혹여 인류의 종교에도 세상에 따르는 진화가 있다고 한다면, 예전에는 늑대를 즉각 신으로 믿고 외경하며 기원했던 시대가 있었으며 그 흔적은 (…)"이라고 쓰고 있다. 그러나 야나기타가 늑대에 대해 본격적으로 논하기 시작했던 것은 1930년 이후이다. 그는 늑대가 아직 일본에 생존하고 있다고 주장했다. 특히 「늑대의 행방 — 요시노 [나라현 중부 산악지대] 사람들에게 보내는 편지」(1933)는 늑대가 요시노 지방에도 잔존하고 있으며, 실제로 요시노에서 늑대 탐색에 열중하는 사람이 늘고 있다고 말한다.[8]

늑대 전문가는 야나기타의 논설을 웃어넘겼다. 예컨대 히라

8. 요시노 지방은 미나카타가 살았던 난키주(州)와 가깝다. 이에 관해 미우라 스케유키는 말한다. "야나기타는 미나카타와의 논쟁 속에서 '산인' 실재설을 포기했던, 혹은 포기하지 않을 수 없게 됐던 일을 대신하여 오오카미론을 전개하고자 했던 게 아닐까라고 생각되기까지 한다. (…) 혹은 산인론을 무참히 떼려 눕힌 미나카타에 대한 은근한 비꼼으로서 오오카미론이 출현했을지도 모른다. 그렇다고 한다면 '요시노 사람들에게 보내는 편지'라는 부제가 붙은 「늑대의 행방」은 미나카타를 향한 발언이었다고 읽을 수도 있을 것이다." (「오오카미는 어떻게 논해졌던가」, 『현대사상』, 2012년 10월 임시증간호)

이와 요네키치는 늑대가 멸종된 것은 무리가 해체되어 교배 상대를 찾기 어렵게 됐다는 야나기타의 생각을 비판했다. 그것은 늑대가 근본적으로 무리지어 살고 있음을 모르는 견해라는 것이다. "늑대는 무리의 해체가 아니라 친밀한 무리 생활로 인해 멸종된 것이다."(『늑대 — 그 생태와 역사』, 1992) 분명히 야나기타는 늑대의 생태학에 정통해 있지는 않았을 테지만, 오오카미가 가미[신(神)]라는 신앙에 관해서는 누구보다도 정통해 있었다. 그는 일본의 산 속에 늑대가 살고 있다고 믿었다. 그가 늑대에 집착했던 것은 늑대에게서 산인, 즉 유동적인 수렵채집민의 대리보충을 보았기 때문이라고 생각된다.

실제로 인류가 유동적인 수렵채집민이었던 시기에 늑대는 인간의 수렵 동료였다. 늑대가 적대시됐던 것은 정주농경민의 단계 이후이다. 그 이래로 그림 형제 동화집의 「빨간 두건」이 대표하듯이 늑대는 교활하고 흉포한 것으로 간주되었다. 야나기타가 산인에 관해 쓰는 일에 대해, 산인을 멸망시켰던 자의 후손인 동시에 그렇게 멸망당한 산인의 자손이기도 한 자신이 행해야할 '공양'이라고 생각했듯이, 그는 늑대에 관해서도 동일하게 생각했던 것이다.

늑대를 사랑하고 보호하려는 사람들은 많다. 야나기타를 비판한 전문가도 그 중 한 사람이다. 그러나 '늑대를 즉각 신으로 믿고 외경하며 기원'하는 사람은 좀처럼 없다. 내가 아는 한, 『늑대 무리와 생활했던 남자』(2012)를 쓴 영국인 숀 엘리스는 예외적인 인물이다. 그는 미국의 선주민으로부터 늑대가 신으로서 경배되고 있음을 배웠다. 엘리스가 행했던 것은 단지 늑대를 관찰하거나 보호하는 것이 아니었다. 거꾸로 그는 야생의 늑대 무리에 섞여 들어가 사는 것을 목표로 했다. 그것은 목숨을 건 행위였지만 실제로 늑대에게 받아들여졌다.[9] 그러한 인물이 늑대 연구자들 사이에서 그저 이상한 사람으로 대우받았던 것은 말할 것도 없다. 일본에서 늑대의 생존을 주장했던 야나기타도 사실상 그렇게 이상한 사람으로 조소받았던 것이다.

산인에 관해 쓰는 일을 그만둔 뒤, 야나기타는 집요하게 늑대에 대해 썼다. 그러나 1935년 이후로는 그것마저 그만두었다. 그가 『향토생활의 연구법』에서 '상민'이나 '일국민속학'을 말하기 시작했던 것은 그 시기였다. 하지만 그것은 그가 산인이나 늑대에 있는 유동성, 혹은 그것에 있는 '유토피아'를 버렸음을 뜻하는 게 아니다.

1930년대에 야나기타가 정치적·경제적 팽창주의에 대항하여 '일국민속학'을 주창했었을 때 그것은 돌연한 변화가 아니었다. 또 그것은 유동성의 부정도 아니었다. 그가 부정하고자 했던 것은 수렵채집민적인 유동성이 아니라 유목민적인 유동성, 혹은 국가나 자본에 의해 발동되는 유동성이었기 때문이다(「보론」 참조). 예컨대 1930년대의 일본에서는 대중사회에서의 유동성을 칭송하는 언설이나 이미지가 현저해졌다.

그 한 예로는 '낭인'[10]이 소설이나 영화의 주인공으로 등장하

---

9. 손 엘리스는 다행히도 늑대 무리에는 받아들여졌지만 아내로부터는 버림받았다. 늑대와 함께 멀리 짖어 아내를 부르고자 했지만 돌아오지 않았다고 한다(『늑대 무리와 생활했던 남자』).

는 것을 들 수 있다. 영화에서 낭인은 미국 서부극의 총잡이와 마찬가지로 행동한다. 어느 쪽도 픽션에 불과하지만, 적어도 19세기 미국의 총잡이에겐 미개척의 프런티어[변경지대]가 있었음에 비해 도쿠가와 시대의 낭인에겐 그런 것이 없었다. 그들은 출구가 없는 비참한 존재, 수인囚人[11]이었다. 그러나 이제 '낭인'은 기성의 조직이나 공동체를 넘어 프런티어로 향하는 '낭만자'로 표상된다. 예컨대 만주에서 새로 개척하여 일어서려는 자는 '만주 낭인'이라고 불렸다. '나도 갈 테니 너도 가라, 좁다란 일본엔 질렸다'는 노래가 유행했다.

그런 유형의 유동민은 산인적山人的이지 않고 유목민적이다. 그것이 제국주의적인 팽창과 이어지는 것은 당연하다. 따라서 그 시기에 유동성을 긍정하는 것은 의미가 없을뿐더러 해로운 것이기도 했다. 한편 그 시기에 야나기타는 정주민에 초점을 맞췄다. 거기서 '상민'이라는 개념을 강조하게 됐던 것이다. 그것은 1930년대 지배적인 언설이 탈영역적인 확대와 이동을 주장하는 쪽으로 정향되었을 때, 거꾸로 축소와 정주를 주장하는 것이었다.

10. (역자주) 로닌(浪人). 원래는 소속된 번·번주와 재계약을 맺지 못해 떠돌게 된 무사계급을 말하며, 특정한 주거나 직업이 없이 방랑(放浪)하는 이들을 일컫는다. 근대 일본의 국내적·국제적 기획에서 암약하는 자들의 별칭이 된다.
11. (역자주) 원문은 "뢰인(牢人)". 일본어 '로닌'과의 동음이의어로, 저자가 조어한 낱말.

신사합사神社合祀에 대한 반대

이전에도 야나기타는 국가의 확대정책을 반대했던 일이 있다. 그것은 1906년에 이른바 신사합사령이 내려졌을 때이다. 야나기타가 미나카타와 알게 되고 빈번히 서신을 교환하게 된 계기는 신사합사령에 대한 반대운동에 있었다. 그것은 작은 신사들을 폐하여 큰 신사로 통합하는 정책이다. 실제로 1914년까지 20만 신사 중 7만의 신사가 파괴되었다. 그것은 정치적 중앙집권화의 일환으로서 지역공동체를 해체하여 행정 구역으로 환원해 버리는 것을 뜻한다. 이에 반대해 미나카타와 야나기타는 공동으로 반대운동을 행했던 것이다.

단, 미나카타의 반대 동기는 야나기타와는 다소 달랐다. 예컨대 미나카타는 그가 연구하던 점균粘菌이 많이 서식하는 신사 주변의 환경이 신사 통합에 의해 파괴되리라고 생각했다. "신사의 무분별한 폐쇄로 인해 토속학·박물학 상으로, 혹은 신성한 숲의 무분별한 벌목으로 인해 학술 상으로 훗날 대단히 희귀한 재료일 수밖에 없는 생물의 자취가 대량으로 계속 사라지고 있는 바, 그런 신직神職 따위들, 곧 소찬포좌素餐飽坐[하는 일 없이 녹봉을 타먹음]하며 아무 하는 일 없이 삿된 신을 모시는淫祀 코코狐蟲[12]의 추악한 풍속에 대항해 봉기하는 일, 그것은 실로 학문을 위해서도 국체를 위해서도 더없이 훌륭한 것입니다."(1911년 3월 21일

---

12. (역자주) 코코 이즈모국(出雲国)의 괴담 전승에 나오는 것으로, 여우를 이용해 사람을 발광시키는 요괴. 그렇게 하지 않으면 자기의 죄나 부정을 씻을 수 없음.

자 야나기타에게 보낸 편지)

최근에 미나카타의 견해는 선구적인 에콜로지스트의 시점을 보여주는 것으로 칭송되고 있다. 실제로 미나카타의 생각은 합리적이고 보편적이다. 한편 야나기타가 합사령에 반대했던 이유는 전적으로 신사의 통합이 고유신앙으로서의 씨족신[(마을)수호신]을 파괴해버린다는 점에 있었다. 미나카타에게 일본의 씨족신 신앙은 민속학의 한 분야로서 중요한 것이었다. 하지만 야나기타에게 그것은 '국민생활 변천'의 역사로부터 분리시킬 수 없는 문제였다. 민속학의 정의를 둘러싼 분열은 그들이 연대했던 바로 그 시점에서 시작되고 있었다고 하겠다.

야나기타는 신사합사령에 반대했지만 신사를 현상 그대로 방치해두면 된다고 생각했던 게 아니다. 이후에 그는 다음과 같이 썼다.

일본의 신사합사는 관청의 종용을 기다릴 것 없이 예전에도 반복적으로 행해지고 있었습니다. 옛 기록에 따르면 씨족신은 뒤섞이지 않은 개별 성씨의 신, 단지 상고시대의 각 씨족을 이루는 사람들만이 모여 제사를 받는 신이었습니다. 그런데 현재는 셋 혹은 다섯의 다른 씨족 사람들이 모두 한 씨족신의 자손이 되어 있는 것입니다. 낡은 이름이 전변하여 다른 것에 들어붙는 일도 전혀 없지는 않지만, 이 경우에 한해서는 그렇지 않다는 증거로, 하나는 지금도 여전히 옛날과 다름없이 일씨일신一氏一神의 예가 적지 않다는 것이고, 다른 하나는 씨족을 이루는 사람들의 감각이 여전히 집합된 씨족신으로부터 상속되고 있다는 것입니다.

(『신토와 민속학』)

신사는 역사적으로 끊임없이 통폐합되어 왔다. 그러나 야나기타에게 신사는 근본적으로 씨족신 신앙, 즉 조상신 신앙 속에 있다. 즉 아무리 통폐합되더라도 그것은 조상신 신앙을 보존하지 않으면 안 되는 것이었다. 그러한데 정부의 신사합사령은 전국의 신사를 정리해 국가신토 아래에서 통제하는 것을 지향하고 있었다. 그것에 반대하여 야나기타는 개별 집들의 조상신 신앙으로 되돌아갈 것을 주장했던 것이다.

야나기타의 그런 주장은 그가 메이지국가의 농업정책에 반대했던 때에 말했던 것과 평행하고 있다. 그는 '부국강병' 아래서의 농본주의(농촌보호)에 반대하면서 협동자조의 산업조합을 만들고자 했다. 신사합사령은 말하자면 '부국강병'의 종교판이다. 그것에 의해, 문을 닫아왔던 각지의 신사는 보호되고 장대하게 정비될 것이었다. 그러나 야나기타의 관점에서 보면 그것은 고유신앙의 소멸에 다름 아니다. 그에게 바람직한 신사합사란 작은 신사가 연합한 "협동조합"과 같은 것이었다고 해도 좋다.

'작은 자들小さき者'을 향한 시선

야나기타는 또 마츠리祭[마츠리(제사/축제)][13]의 거대화·장려화壯麗

· ·

13. (역자주) "祭(마츠리)"라는 낱말은 신사에서의 제사를 일컫는 제의적 성분을 띤 것이면서도, 동시에 신의 흠향(歆饗)에 동참하

化에도 반대했었다. 마츠리는 기본적으로 작고 고요하며 진중한 것이다. 대규모로 화려한 것이 되었을 때 그것은 변질된다.

　일본의 마츠리에서 무엇보다 중요한 한 가지 변환 지점은 무엇이었던가. 한마디로 말하자면 구경거리라고 부를 수 있을 무리들의 발생, 즉 마츠리의 참가자들 중에서 신앙을 공유하지 않는 사람들, 말하자면 단지 심미적인 입장에서 그 행사를 관망하는 이들이 출현했던 일일 것이다. 그것은 도회에서의 생활을 화려하게 하면서 우리들 어린 날의 기념을 즐겁게 만드는 것인 동시에, 신사를 중핵으로 한 신앙의 통일을 점차로 훼손하여 종국에는 같은 마을에 살면서도 마츠리는 그저 바라봄의 대상으로 여기는 기풍을 배양한 것이기도 했었다. (『일본의 마츠리』)

　마츠리가 거대화한 것은 사람들이 마츠리의 당사자가 아니라 구경꾼이 되었기 때문이다. 그것은 또 사람들이 이미 집이나 공동체를 나왔다는 것을 뜻한다. 마찬가지의 것을 신사가 거대화하는 것에서, 혹은 국가신토의 형성에서 말할 수 있을 것이다. 그런 것들에 야나기타가 말하는 고유신앙이란 남아 있지 않다.

• •

　는 놀이 혹은 축제의 유희적 성분을 띤 것이기도 하다. 나아가 '政事(마츠리고토)'라는 낱말처럼, 정치적 성분과 접촉하는 것이기도 하다. 이하 "祭"는 그런 의미의 연관 속에서 '마츠리'로 음역한다.

야나기타가 거대화·장려화를 꺼렸던 것은 마츠리나 신사의 경우에만 한정되지 않는다. 그의 시선은 언제나 작고 이름 없는 것을 향하고 있었다. 통상적으로 역사에서 아이들이 역할을 담당하는 일은 거의 없다. 그러나 야나기타의 사학에서는 '작은 자들'(아동)이 중요했다.

> 아동은 '나'라는 것이 없고 또 다감하기에 그 능력이 허락하는 한에서 시대마다의 문화를 수용한다. 오래전에 주어졌던 것도 인상의 깊이에 의해 그것을 천년·오백년 뒤에 전함과 동시에 언제나 신선한 감화로 유순하다. 그들은 쓸모없게 된 것들을 언제나 부모들보다 늦게 버리는 듯하다. 특히 국어의 고운 향·윤기·윤택에 있어서는 과거 우리들 부모가 느꼈던 것을 그들은 지금도 여전히 느끼고 있는 듯하다. 그러한 점에 역사를 배우려는 자의 반성의 씨앗이 숨어 있다. (『아이들 풍토기』)

야나기타는 다음과 같이 말한다. "작은 아이들이 우리들의 미래인 동시에, 한편으론 그립고 정다운 눈앞의 역사, 보존되고 있는 우리들의 과거이기도 했던 것은 국내 각지의 말들을 비교해 보면 자연스레 누구라도 알아챌 수가 있습니다."(『작은 자들의 목소리』) 마찬가지로 조상신을 기리는 신사는 작다. 하지만 오히려 그렇기 때문에 거기서는 고유신앙이 보존되고 있을 뿐 아니라 그것이 우리들의 미래를 비춘다고, 야나기타는 생각했던 것이다.

제4장

고유신앙

1. 새로운 고학新古学

신토의 원시형태에 관한 연구

야나기타 구니오는 분명 산인에 대해 쓰기를 그만둔 다음, 늑대에 관해서도 쓰기를 그만두었다. 그러나 결코 그것을 포기하지는 않았다. 결론을 앞서 말하자면 그는 그것을 '고유신앙'에서 찾고자 했다. 야나기타가 말하는 '고유신앙'은 벼농작민의 사회에서는 흔적조차 남아 있지 않다. 그것은 오히려 그 이전 화전수렵민의 단계에서 존재했었다. 때문에 고유신앙을 구하는 일은 실제로는 산인을 구하는 일에 다름없다.

그렇게 고유신앙을 탐구하는 시점에서 야나기타의 민속학은 신토사神道史 연구와 포개진다. "민속학은 오히려 신토사神道史 연구에 뜻을 둔 학문이며, 혹여 그게 아니라면 신토사란 민속학의 주요 항목들 중 하나인 겁니다." "금후에 그 어떤 분업이 민속학 안에서 행해질지라도 근원적인 한 가지 문제, 즉 집과 선조의 마츠리라는 것만큼은 모든 연구자의 관심이 집중되지 않으면 안 되는 것입니다. 이는 일본에선 말하자면 신토사에 관한 연구가 되는 것이므로, 이를 민속학의 영역 바깥이라고 봐서는 그것을 알지 못하는 사람이 많아질 것임은 당연할 것입니다."(『신토와 민속학』)

유럽의 민속학이란 실제로는 그리스도교 이전의 신앙상태를 탐색하는 것과 결속되어 있었다. 야나기타는 그것을 하이네로부터 배웠다. 야나기타는 "일본신토의 원시형태를 전력을 다해 탐색하는 일"(『일본의 마츠리』)을 시도했다. 하지만 그가 그런 문제에 관심을 갖게 됐던 것은 하이네를 읽기 이전 어렸을 때부터였다. 그의 아버지 마츠오카 긴사이는 중년이 되어 히라타파 신토의 신관이 되었던 사람이다. 그러나 야나기타는 히라타파의 신토에는 찬동하지 않았다. 그는 말한다. "히라타의 신토는 가능한 한 외국 분자들을 배제하는 일만이 아니라, 나아가 이쪽에서 침략적 태도를 취하면서 인도天竺의 신을 오나무시大己貴나 스쿠나히코少彦名라고 부르거나 중국支那의 태을신太乙神을 다카미무스비노미코토高皇産靈尊라고 부름으로써 공허한 세계통일론자들을 기쁘게 만들기도 했습니다."(「신토 사견」)

그런 뜻에서 야나기타는 히라타 아츠타네보다도 모토오리 노리나가에 가깝다고 할 수 있다. 노리나가는 유교·도교를 '한의漢意·가라고코로'로, 불교를 '불의仏ごころ·호토케고코로'로 비판했다. 하지만 동시에 일본의 신토까지도 한의에 물들어 있다고 비판했었다.[1] 신토학자들이 말하는 일본 고유의 신토는 실은 불교나 도

1.   (역자주) 모토오리 노리나가(1730~1801)는 『겐지모노가타리』로

교·유교로부터 얻은 이론을 사용하여 체계화한 것에 불과하다.
신토는 그러한 이론이 아니라 '사실', 바꿔 말하자면 현실 속
사람들의 삶 그대로의 모습에서 발견되지 않으면 안 된다. 거기
서 노리나가는 '고古·이니시에의 길[고도]'을 『고사기』에서 발견하
고자 했다. 그는 자신의 학문을 단순히 '고학古學'이라고 불렀다.
그것을 '국학'으로 삼았던 것이 히라타 아츠타네이다.

야나기타의 노리나가 비판

다만 야나기타의 생각으로는 노리나가에게도 중대한 결함이
있었다. 문헌에만 의거했다는 점이 그것이다. 노리나가는 『다마
카츠마玉勝間』에서 다음과 같이 쓰고 있다. "말 뿐만이 아니다.
숱한 행위들에도 시골구석엔 옛古·이니시에] 모습의 우아함이 남
아 있는 유래가 많다. (…) 어디서든 여러 가지로 옛일을 잃어가
고 있는 것은 몹시 유감스러울 따름이다." 노리나가도 민속학적
연구의 가능성을 알아차리고 있었다. 그럼에도 "그 생애를 고전
훈고訓詁의 작업에 모조리 기울였음"을 야나기타는 "의아하다"
고 말한다(『향토생활의 연구법』).

· ·
대표되는 헤이안 시대 왕조문학의 미의식에 이어진 '모노노아와
레(物の哀れ; 사물이 촉발시키는 비감·비애·애수·슬픔·적막)'
의 자연적 정서를 중시하고, 그것을 기초로 하여 '가라고코로'라
는 중국 유교의 외래적 가르침을 자연적인 것으로 사고했던
오규 소라이(荻生徂徠)를 비판했다. 모토오리 노리나가, 『모노노
아와레: 일본적 미학 이론의 탄생』(배관문 외 옮김, 모시는사람
들, 2016)을 참조

예컨대 예전에 일본에서는 사람이 죽으면 황천의 나라, 뿌리의 나라, 즉 땅 밑의 나라에 간다고 여겨졌다. 그러나 야나기타에 따르면 그것은 한자가 딱 맞아떨어졌기에 생겨난 오해이다. 곧 뿌리ネ[ネ]라는 것은 오키나와에서는 니라이ニライ라고 불리는 것에 대응하는 바다 저편의 세계를 뜻하는 것이었다. 그런데 뿌리를 한자 '근'으로 기술한 결과, 땅 밑의 세계로 여겨지게 되었다. 야나기타는 다음과 같이 말한다. "뿌리의 나라를 어둡고 차가운 땅 밑으로 생각하는 따위는 일종의 신토가의 철학이라고 명명해야 할 것으로, 그들은 죽은 자의 불결함을 싫어했던 나머지 그것에 대한 해설을 불교도에게 맡겨버리고는 청명한 영혼의 문제에 대해서까지도 시대를 추수할 따름인 연구를 그침 없이 하는 듯하다."(「쥐鼠의 정토淨土」, 『바다 위의 길』)

야나기타에 따르면, 모토오리 노리나가는 소코ソコ[底]란 밑바닥을 뜻하는 게 아니라 '이 세상 먼 끝에 있는 나라'를 뜻하는 게 아닐까라고 생각했다. 그 점에서 노리나가는 가라고코로에 의한 '옛길古の道'의 왜곡을 공들여 배척하고자 했음에도 그런 왜곡을 면할 수가 없었던 것이다. 그것은 문헌만으로 사고하고자 했기 때문이다. 예컨대 노리나가는 호토케고코로를 통해 깨달음을 얻었기 때문에 혹은 구제될 것임을 믿기 때문에 더 이상 죽음에 구애받지 않는다고 말하는 것은 가라고코로적인 기만이라고 말한다. 사람은 죽으면 황천의 나라(뿌리의 나라)에 가며, 따라서 죽는 것은 그저 슬픈 것이라고 말해야만 한다는 것이다. 그러나 노리나가 자신은 정토교淨土敎의 문하였고, 죽은 뒤 혼이 땅 밑에 머문다고는 생각하지 않았을 것이다. 얄궂게도 오히려

그 쪽이 '옛길'에 가까운 생각인 것이다.

노리나가와는 대조적으로 히라타 아츠타네는 문헌 이외의 방법을 취하고자 했다. 예컨대 영능자靈能者로부터 듣고 쓰는 일을 자진하여 행했다. 그런 뜻에서 야나기타는 아츠타네에 가깝다고 할 수 있겠지만, 근본적인 태도에서는 노리나가의 '고학'을 계승했다. 야나기타의 학문은 말하자면 민속학적 방법에 의한 고학이라고 할 수 있다. 그가 자신의 작업을 '새로운 국학新國學'이라고 불렀을 때는 그런 함의가 있었다. 다만 정확성을 기한다면, 야나기타의 민속학=사학은 '새로운 국학'이라기보다는 '새로운 고학新古學'이라고 불러야 할 것이다.

고유신앙과 불교

국학자나 신토학자와 야나기타의 중요한 차이는 다음과 같은 점에 있다. 야나기타는 고유신앙이 불교에 의해 소멸됐다거나 왜곡됐다고는 생각하지 않았다. 오히려 고유신앙 쪽에서 생긴 구멍 혹은 결함을 불교가 매워 보충했다고 생각했다. 예컨대 그의 생각으로는 고유신앙에 각자의 신심 혹은 개인의 기원祈願은 들어있지 않았다.

개인 각자의 신심이라는 것이 인생을 위해 필요하다는 경험은 통례적으로 불교를 통해 얻었던 것처럼 설명되고 있지만, 나는 오히려 사람들이 가향家鄉의 땅을 나와서 걷고 있는 것이 좀 더 큰 계기였으리라고 상상하고 있다. 적어도 일문일향당一門一鄉黨이 집합하여 자기 성씨의 신만을 기리

고 있는 동안에는, 그렇게 벗어나 홀로 앞질러 행하는 기원
이란 애초부터 행할 여지가 없었을 것이다. (『일본의 마츠
리』)

'사람들이 가향의 땅을 나와서 걷고 있'을 때, 즉 사람들이
공동체로부터 이탈한 개인으로서 살 때, 이제까지의 신앙으로는
부족한 데가 생긴다. '개인 각자의 신심'이 필요하게 되는 것이
다. 그 결여를 불교가 보충했다고 야나기타는 말한다. 다른 관점
에서 말하자면, 불교가 일본에 도입됐던 것은 야마토조정[4~7세기
의 중앙권력조직]이 집권적인 체제를 만들고자 했던 때였다. 씨족(씨
족신)을 넘어선 신이 필요해졌기 때문이다. 요컨대 고유신앙이
왜곡됐던 것은 불교 탓이 아니라 사회적인 변화 탓이었다. 고유
신앙은 일정한 사회와 분리될 수 없는 것이다. 때문에 불교를
부정한다고 해서 고유신앙을 되돌릴 수 있을 턱이 없다. 오히려
고유신앙은 불교 덕분에 무언가 흔적을 남길 수 있었던 것이다.
　그렇다면 고유신앙이란 어떤 사회에 있었던가. 의심할 수 없
는 것은 그 사회가 국가 이전의 사회라는 점이다. 그러나 거기에
딜레마가 있다. 고유신앙은 민속학을 통해서만이 접근할 수 있
다. 또한 동시에 고유신앙은 민속학으로는 접근할 수 없는 것이
기도 하다. 야나기타 자신이 인정하고 있듯이 민속학에 의해서
는 일정한 역사적 단계 이전으로 거슬러 올라갈 수 없기 때문이
다. 야나기타는 고유신앙에 관해 확신을 가졌지만 그것을 '증
명'하는 일은 불가능했다. 거기로부터 야나기타 특유의 초조함,
울화증, 나아가 자기 숨김韜晦[재능·지위·본심을 감춤]이 생겨난다.

예컨대『선조 이야기』에서도 다음과 같은 말하기 방식이 몇 번이나 나온다. "얼마든지 논의될 수 있는 점이겠지만, 적어도 예전에 그러한 사실이 있었던 것만은 내게는 거의 증명될 수 있다." "그 상상이 맞는가 틀린가는 머지않아 결정될 날이 올 것이다. 물론 지금은 과연 그럴까하고 의구심을 품는 사람들이 있겠으나 그렇다고 지장이 생길 일은 없다. 다만 이 문제와 관계된 약간의 사실을 듣고도 못들은 척하는 것이 곤란할 따름이다." "기록에 얼마든지 증거가 있을 뿐만 아니라 현재에도 고풍스런 사람들은 아직 이 감각을 분명히 가지고 있다." "이러한 유형·사례는 찾자면 아직도 있는데 너무 끈질기니까 이쯤 해둔다. 그러나 이 경우만을 보더라도…" "대체로 이 책에서는 현재 명확히 밝혀진 것들만을 쓸 생각으로, 단순한 공상은 물론 아직 연구하고 있는 것도 수록하진 않을 것이지만…" "믿든지 말든지는 사람들의 자유겠지만, 이 사실을 아는 것까지는 우리들의 역할이다."

나아가『신토와 민속학』에서 야나기타는 말한다. "이것은 이론이 아니라 예전에 있었던 사실 하나를 설명하려는 것입니다. 세간에는 종종 이러저러지 않으면 안 된다고 믿게 만들려는 선도자들이 있습니다만, 제 경우엔 증거가 있습니다. 본디 이 증거 또한 여전히 불충분해서 사실을 확실히 밝히고자 한다면 좀 더 증거를 모아야만 하겠지만, 적어도 그렇게 이해해도 좋은 사료가 전해지고 있는 것입니다." 또『제례와 세간』에서는 다음과 같이 말한다. "우리들의 부모들이 가진 신앙에 따르면 미코시神輿[혼령·신위를 모시고 메는 가마] 속에는 신이 타고 있다. 그것은 사실이지 시도 아니며 공상도 아니다." "그렇게 전해진 말의 진위에 관해 나 자신은 별로 학자의 감정을 요청하고 싶지 않다."

2. 고유 신앙

조상혼과 살아 있는 자 간의 상호적 신뢰

야나기타가 추정하는 고유신앙은 간단히 말하자면 다음과 같은 것이다. 사람은 죽으면 미타마御靈[혼령의 높임말]가 되지만, 죽은 뒤 얼마 지나지 않았을 때는 '아라미타마荒御靈[사나운 혼령]이다. 즉 심하게 부정不淨한 것이지만 자손들의 공양이나 제사를 받으면 정화되어 미타마가 된다. 그것은 처음엔 개별적이지만 일정한 시간이 지나면 하나의 미타마로 융화된다. 그것이 신(씨족신)이다. 조상혼은 고향 마을을 건너다보는 산의 높은 곳에 올라 자손들 집의 번성을 지켜준다. 생과 사의 두 세계를 왕래하는 것은 자유롭다. 조상혼은 백중맞이[孟盆]나 정월 등에 그 집에 초대받아 함께 먹고 교류하는 존재가 된다. 조상혼이 현세에 환생하는 경우도 있다.

야나기타가 말하는 고유신앙은 위와 같은 것이지만 그런 생각은 어디에나 흔하게 있는 것은 아니다. 일본인의 대다수는 들어본 적도 없을 터이다. 현재는 말할 것도 없고 전전의 일본에서도 죽은 직후의 아라미타마를 그것이 머지않아 융화될 조상혼(신)과 동시에 제사지내게끔 되어 있었다. 게다가 그 경우엔 최근에 죽은 가까운 선조 쪽이 더 중시되어 그것을 제사지내는 김에 총체로서의 선조도 기려지게 된다. 또 선조라는 것은 부계의 선조만이 고려의 대상이 되며 죽은 한 사람을 위한 법요가 몇 번이나 행해진다. 그런 영[혼]은 고유신앙에서라면 이미 조상혼 집단에 융화되었을 터이지만 말이다. 또 예전에 유명하고 유력했던 선조가 더욱 중시된다. 그 때문에 언제라도 기려지는 특별한 혼과 그렇지 않은 것이 차별된다.

　　선조의 혼령을 집에서 한 사람 한 사람 몇 십 년째 제사지내는 것은 자못 극진한 듯 보이지만 실제로는 빈틈없이 자상한 게 아니다. 집이 오래되고 망자의 수가 많아지게 되면 짧은 생애의 주인 따위는 때때로 무시되는 일이 있다. 하물며 자식도 없이 분가도 못하는 사이에 세상을 떠난 형제 같은 이들은 집을 위해 또 나라를 위해 아무리 일하고 노력하더라도 대개는 이른바 무연고자가 되어버리는 것이다. 그것을 비탄해 했기 때문도 아니겠지만 선조에 대해 일본인이 지닌 예전의 사고방식은 다행스럽게도 그러한 차별 대우 없이, 사람은 죽고 난 뒤로 정해진 기한이 지나면 선조님 또는 미타마님이라는 고귀한 하나의 혼령체로 융해되는 것으로 여겼던 듯하다. (『선조 이야기』)

야나기타가 말하는 고유신앙의 특징은 다음과 같은 점에 있다. 첫째로 조상혼은 혈연관계의 가깝고 멂, 양자나 결혼에 의한 결연, 혹은 살아 있을 때의 힘이나 공헌도와는 관계없이 평등하게 다뤄진다. 그 자가 집에 어떤 관계일지라도 갖기만 한다면 조상혼 속에 들여질 수 있는 것이다. 둘째로 사후의 세계와 생의 세계 간에는 왕래가 자유롭다. 살아 있는 자가 조상혼을 기림과 동시에 조상혼도 살아 있는 자를 지켜준다. 혼령이 환생할 때도 있다.

> 보이거나 보이지 않는 두 세계가 일본에서는 친근했었음을 설명하기 위해, 최후에 여전히 빠트려서는 안 될 하나는 다시 태어남에 대한 신앙, 즉 때때로의 방문·초대와는 달리 혼이 이 세상으로 복귀한다는 신앙이다. 그것은 옛 중국에서도 일찍이 농밀하게 행해지던 민간의 전승이고, 불교는 원래 환생을 그 특색의 하나로 갖는 것이지만, 그러한 경전의 지원이 있다는 것이 반드시 예부터 있던 것의 보존에 도움이 되는 것은 아닌바, 오히려 이 나라에만 한정되어 있는 것을 불명확하게 만든 혐의도 없지 않다. (같은 곳)

야나기타가 말하는 고유신앙의 핵심은 조상혼과 살아 있는 자 간의 상호적 신뢰에 있다. 그것은 호수적互酬的[서로-갚음(상호교환적/상호상환적)]인 관계가 아니라, 말하자면 사랑에 근거한 관계이다. 야나기타가 특히 중시했던 것은 조상혼이 어디로든 갈 수 있음에도 살아 있는 자가 있는 곳으로부터 떨어지지 않는다는 점이다. 그는 그러한 선조숭배가 일본에 고유한 것이라고 생각했다. 그렇다면 그것은 세계 각지에 있는 선조숭배와는 어떻게 다른 것인가.

호수제와 적대성

죽은 자가 조상혼이 되기에는 일정한 시간이 걸리고, 또 그럴 수 있으려면 자손의 공양이 필요하다는 생각은 어디서도 공통된다. 때문에 자손이 불가결한 것이다. 서아프리카의 탈렌시[Tallensi] 족을 조사했던 마이어 포르테스는 이렇게 서술한다. "탈렌시들에게도 인생 최대의 불행은 자신을 위해 장례식을 치루고 출신에 근거해 가족을 이어줄 자식을 남기지 못하고 죽는 것으로, 이 불행에 비하면 죽음 그 자체 따위는 문제도 되지 않았다."(『선조숭배의 이론』, 1980)

선조숭배는 자손의 '효행'에 근거해 있다. 포르테스는 말한다. "장례식은 부모를 조상혼으로 변신시키는 최초의 한 걸음이고, 애초에 선조숭배는 본질적으로 효행의 종교화에 다름없었다." (같은 곳) 그러나 효행은 일방적으로 아이들에게 부과된 의무였던 것은 아니다. "부모자식 간의 관계는 전혀 일방적인 것이 아니다. 왜냐하면 자식이 아무리 나쁜 짓을 해도 부모 쪽은 자식을 거부할 수 없다는 마찬가지의 불변하는 도덕률이 있고, 내가 관찰한 바로는 그런 부모 쪽도 그것을 대단히 충실하게 지키고 있기 때문이다. 효행이라는 것은 실제로 상대에 대한 부모자식 쌍방의 애정이라거나 인연이라거나 의무가 섞여 들어가 있는 호수적 관계인 것이다."(같은 곳)

유교의 경우 효라는 것은 가부장제에 근거한 것이지만, 공자
는 그것을 호수적인 것으로 보고 있었다. 효는 자식에게만 부과
된 의무가 아니라 아버지도 그 의무를 진다. 예컨대 공자는 범죄
를 두고 "아버지는 자식을 위해 숨기고 자식은 아버지를 위해
숨긴다"(『논어』)고 말한다. 그러나 가부장제 사회에서는 말할
것도 없지만 탈렌시의 경우에도 부모와 자식 간에는 적대성·공
격성이 잠재해 있으며, 그것이 효로서의 호수제에 의해 억제되
고 있다.

그런데 야나기타가 말하는 고유신앙에서는 조상혼과 자손
간의 상호성에 그러한 적대성이 잠재해 있는 것처럼 보이지는
않는다. 그리고 그 관계는 호수적인 것이 아니다. 예컨대 조상혼
은 가까이 머물면서 자손을 지키지만 자손의 제사나 공양에 응하
여 그러는 것이 아니다. 자발적으로 그렇게 하는 것이다.

  내가 이 책에서 힘주어 설명하고 싶은 한 가지는 일본인이
  지닌 사후 관념, 즉 영[혼]은 영구히 이 국토에 머물며 그리
  멀리 가버리지 않는다는 신앙이 어쩌면 세상의 시작부터
  적어도 오늘날까지 상당히 뿌리 깊게 지속되고 있다는 점이
  다. 그것이 그 어떤 외래종교의 교리와도 명백히 엇갈리는
  중요한 점이라고 생각하지만, 이 책에서는 그것을 설명하기
  위해 어떤 능란한 방식을 취했다기보다는, 둘을 대질시켜
  어느 쪽이 진짜인가 식의 논쟁은 끝까지 일으키지 않는
  채로 다만 무심히 새벽하늘처럼 그것을 염색해 보이고 있
  다. (『선조 이야기』)

하늘과 바다는 다만 하나로 계속되는 넓은 통로이고 영
[혼]은 그 사이를 자유로이 오가는 것이기도 하겠지만, 그럴
지라도 이 국토를 떠나 멀리 건너가 버리려는 봉래蓬萊의
섬을 여전히 우리들은 아랑곳없는 남의 일로 여기지는 않았
다. 한 마디 말로 하자면, 영[혼]이 이 국토를 떠나지 않는
것은 어디까지나 이 나라를 사랑하고 있었기 때문일 거라고
생각한다. (『선조 이야기』)

야나기타가 말하는 고유신앙에서 신은 조상혼들의 힘의 융합
이다. 그것은 개별적인 영[혼]이 없어짐을 뜻하지 않는다. 개별적
인 영[혼]은 융합하면서도 개별적인 채로 남는다. 그렇지 않다면
다시 태어나는 일은 불가능할 것이다. 그러나 조상혼은 다수적
이면서도 동시에 하나로 융합하고 있다.

한편, 탈렌시 족에게 조상혼들은 다음과 같이 행동한다. "조
상혼들의 힘은 다양하게 교착되어 있는바, 숭배하는 자들에게
제멋대로 요구하거나 예측하기 어려운 경쟁을 시키는 것으로
여겨지고 있다. 실은 그 점이 진정으로 주목에 값하는데, 그것이
탈렌시의 일상생활에서 일종의 안전장치 역할을 맡고 있다는
것이다."(『선조숭배의 이론』) 또 조상혼은 자손에 대해 초월적
인 입장에 선다. "탈렌시들에게 선조는 최후심판의 재판자이고
인간의 생사 문제에 대해서도 최종적인 권위자임을 잊어서는
안 된다. 죽음은 흔히 선조들의 일로 여겨졌다."(같은 곳)

그러한 조상혼의 행동은 다른 세계가 아니라 현세의 사회에

원인이 있다. 탈렌시 족에게서 분명한 것은 그것이 부계적인 리니지[혈통]에 근거한 씨족사회이고 부와 힘의 차이나 갈등이 잠재한 사회라는 점이다. 그것이 아버지와 자식의 갈등, 즉 오이디푸스적 문제를 초래하는 것이다.

그렇다면 모계제의 경우는 어떨까. 남태평양 트로브리안드의 모계제 사회를 논한 말리노프스키는 거기에 오이디푸스 콤플렉스가 존재하지 않았다고 주장했다. 예컨대 거기서는 아버지가 임신의 원인이라는 지식이 결여되어 있었다고 한다. 그러나 멜포드 스파이로는 그런 무지를 두고 아버지의 개입을 "부인"하는 것이며 "아버지에 대한 적대의 표현"이라고 말한다(『모계사회의 오이디푸스』, 1990). 따라서 모계제에서도 부계제와 마찬가지로 조상혼 신앙은 아버지와 자식 간의 갈등을 반영한다.

19세기 중반 바흐오펜이나 모건 이래로 인류사회가 본래 모계적·모권적이었다는 생각이 지배적인 것이 되었다. 그것은 가부장제에 대한 비판으로서 환영받았지만, 그런 관점은 인류학적 조사가 진전되면서 의심받게 되었다. 모계와 모권을 구별하지 않으면 안 된다. 모계제 사회에 반드시 모권제가 있을 리는 없다. 오히려 남자가 정치경제적 실권을 가진 경우가 많았다. 따라서 모계제에서도 아버지와 자식 간의 갈등이 존재하는 것이다. 다음으로, 모계제가 인류에게 최초의 형태였다고 할 수는 없다. 테크놀로지의 측면에서 보면 가장 미개하다고 할 수 있을 사회에서도 모계와 부계가 있으며, 또한 그 둘 중 어느 쪽도 아닌 경우도 많다. 특히 유동적인 수렵채집민의 밴드 사회[2]에서는 출생(리니지)에 의한 조직화가 없다.

고유신앙과 유동민의 사회

그렇다면 야나기타가 말하는 일본의 고유신앙에서 그러한 적대성 혹은 호수성이 보이지 않는 것은 어째서인가. 그 이유는 모계적인 사회가 있었다는 것에서 구해질 수는 없다. 뒤에 서술될 것처럼 고대 일본에 모계제는 없었기 때문이다. 나의 생각으로는, 야나기타가 말하는 고유신앙이란 출생에 의해 조직되기 이전의 유동민 사회에 근거한 것이다. 모계든 부계든 출생에 의한 집단의 조직화는 정주 단계에서 시작했다고 생각된다. 정주와 함께 다수 타자와의 공존, 나아가 불가피하게 생기는 축적, 그리고 그것이 초래하는 사회적 불평등이나 대립을 호수적인 결박을 통해 억제하게 되었다. 따라서 거기에는 사랑이 있는 동시에 적대성이 있는 것이다.

그 지점에서 보면, 야나기타가 말하는 고유신앙의 배경에는 부와 권력의 불평등이나 갈등이 없는 사회가 있다고 추정할 수 있을 것이다. 그것은 수전水田 벼농작민의 공동체가 아니라 그 이전 유동민의 사회이다. 이는 예컨대 야나기타가 시바 촌에서 본 화전수렵민과 같은 것이다. 그러나 그 문제에 관해선 야나기타의 민속학으로는 더 이상 접근할 수 없다. 여기서 나는 동남아시아의 조사에 근거해 우치호리 모토미츠와 야마시타 신지가

••
  - 2. (역자주) band. 인류학 용어로서의 밴드는 생계 및 안전을 위해 군집의 형태로 느슨하게 결속된, 50명 미만의 소수 집단을 가리킴.

공저한『죽음의 인류학』(2006)을 참조하고 싶다. 이 책은 대조적인 두 부족의 조사로 구성되어 있다. 하나는 보르네오섬의 이반[Iban] 족이고, 다른 하나는 슬라웨시(센베스섬)의 토라자[Toraja] 족이다. 전자는 화전이동민으로 모계도 부계도 아닌, 즉 쌍계제双系制 사회이며, 후자는 수전 농업민으로 부계제 사회이다.

우선 이반 족의 사회는 유동적이고 평등주의적이다. 그것은 죽은 자가 가는 다른 세계에도 반영되어 있다.

> 모든 이반은 그 생전의 윤리적 자질, 행위, 혹은 죽을 때의 상태[죽음의 방식]의 차이에 따르지 않고 사후에 동등하게 죽은 영[혼]死靈의 세계로 옮겨간다. 거기서는 개인 간의 차이가 강조되는 일이 없다. 그렇다면 그것은 [차이화된] 타계관他界観을 평등화하는 타계관이라고 불러도 좋은 것일까. 그렇게 부르는 데에는 이견이 있을 것이다. 이반 사회가 평등주의적인 사회인 한에서 죽은 영[혼]의 세계의 양상은 현실 사회의 단순한 반영, 나아가 조금의 상상력도 결여한 반영으로 보는 것이 좋을지도 모르겠다. (『죽음의 인류학』, 강조는 원문)

한편 토라자 족의 경우, 타계관은 이반 족과 대조적이다. "평등주의적인 이반과는 달리, 토라자는 지위사회이며, 죽음과 죽은 자에 대한 의례의 양태는 죽은 자의 사회적 지위에 크게 좌우된다. 장례식이란 지위를 둘러싼 일종의 게임이고, 토라자에게 죽음을 논하는 일은 죽은 자의 사회적 지위, 위신, 부, 그러니까

결국엔 죽은 자를 둘러싼 사회 전체를 논하는 일이다.”(같은 곳)

그런 비교로부터 보면, 야나기타가 말하는 고유신앙이 이반 형이라는 것은 분명하다. 일본에서 고대국가가 형성된 단계에는 이미 토라자 형이 지배적인 것으로 되고 이반 형의 사회는 산지로 쫓겨났다. 그것이 야나기타가 말하는 ‘산인’이다. 그렇다고 한다면 야나기타가 고유신앙을 추구하는 것은 다른 형태로 ‘산인’을 추구하는 것에 다름 아니다. 그리고 야나기타가 말하는 고유신앙이란 벼농작민 이전의 수렵채집민으로 거슬러 올라가는 것이다.[3]

3. 기후현, 미야자키현의 산악지대로부터 온 나의 친구들 이야기로는 그들의 출신지에 있는 신토란 야나기타가 말하는 고유신앙에 가깝다. 예컨대 신을 향한 기원, 즉 ‘신[에 대한]강제’[베버]가 없다. 또 혈연을 우월한 것으로 보는 사고도 없다. 그들은 ‘산민’이지만 수렵채집민 사회의 흔적을 농후하게 남기고 있다고 하겠다.

3. 조상혼 신앙과 쌍계제

모계제를 향한 의심

야나기타가 말하는 고유신앙이 유동민적인 사회에 근거한
것이라고 본다면, 그것은 이제 흔적으로서만 남아 있을 뿐이다.
그러나 어떤 의미에선 그것이 역사적으로 존속하고 있는 측면도
있다. 그것은 모계제도 부계제도 아닌, 쌍계제라는 특징에서 보
인다. 이와 관련하여 일본의 혼인제도에 대해 먼저 생각해두자.

야나기타는 「데릴사위에 관한 고찰婿入考」(1929)에서 시집에
들어가는 것보다 더 이전에 데릴사위로 들어가는 것이 행해졌다
고 주장한다. 시집감嫁入이라는 말 자체가 데릴사위로 들어감婿入
이라는 말에 근거해 있었다는 것이다. 다른 방식으로 말하자면
혼인은 우선 처가 쪽 거주 혼인으로 시작하지만, 그 후 시가
쪽 거주 혼인으로 옮겨간다는 것이다. 이렇게 야나기타는 데릴
사위나 쓰마도이妻問[따로 살면서 남편이 밤에 아내를 방문함], 즉 처가 쪽
거주 혼인의 사실을 확인한다. 하지만 중요한 점은 그가 그 지점

에서 모계제라는 결론을 도출하지 않았다는 것이다.

그 점을 두고 야나기타를 비판했던 이가 데릴사위 혼인招婿婚 [초서혼](쓰마도이콘婚)의 사례를 다수 고찰하고 모계제의 존재를 주장했던 다카무레 이츠에이다. 그에 따르면 야나기타가 지적하고 있는 '데릴사위'는 무로마치 시대에 성립한 의제서취擬制壻取 시기의 혼인형태이다. "오늘의 민속 상에서 형태가 남아 있는 것으로는 그 시기의 혼인형태가 가장 많은데 (…) 「데릴사위에 관한 고찰」에서의 야나기타 씨의 주장도 주로 그 시기의 혼인형태에 입각하여 세워졌다고 할 수 있다. (…) 혼인 개시를 여자의 집에서 하고, 그 이후로는 남편이 왔다 갔다 하거나 때때로 눌러 앉아 살았지만 결국에는 여자가 남자의 집(…)에 맞아들여진다. (…) 실로 그것은 그 시기 — 의제서취 시기 — 의 혼인형태 이외엔 없는 것이었다."(『데릴사위 혼인의 연구』, 1966) 따라서 그 이전에는 모계제가 있었다고 다카무레는 말한다.

야나기타 스스로 민속학=사학으로는 무로마치 시대 이전으로 거슬러 올라갈 수 없음을 인정하고 있다. 그러나 그는 이전에 모계제가 선행했다는 다카무레의 주장에는 찬동하지 않았다. 때문에 1970년대에 무라카미 노부히코와 같은 페미니스트에 의해 시대에 뒤떨어진 관점이라고 비판받았다. "아이러니하게도 민간 관습에 대한 사학의 태만을 통렬히 공격했던 야나기타 민속학은 혼인제도라는 역사적 과제에서 역사를 무시했기에 본의 아니게 추측으로 일관된 독단을 무릅썼고 처량한 혼란에 빠졌던 것이다."(『다카무레 이츠에와 야나기타 구니오』, 1977)

그러나 무라카미가 야나기타를 비판하던 같은 시기에 사회인류학이나 고대사학에서는 일본의 혼인에 관한 관점의 커다란 변화가 일어났다. 그것은 동남아시아에 대한 인류학적 연구에 근거한 것으로, 한 마디로 말하자면 일본의 친족형태가 모계도 부계도 아닌, 쌍계제였다는 견해이다.

앞서 서술했듯이 원시적인 단계에 모계제가 먼저 있고 이후 그것이 부계제로 이행했다는 주장은 성립될 수 없다. 둘 중 어느 쪽도 아닌 상태가 최초에 있었고, 그 뒤로 단[일]계(모계 또는 부계) 혹은 쌍계라는 형태를 취했던 것이다. 이어 그것들은 제각기 가부장제로 이행했다. 가부장제는 국가사회의 단계에서 성립한다. 일본을 예로 말하자면 야마토조정이 성립할 무렵이다.

여기서 유의해야 할 것은 가부장제로의 이행에 있어 원래의 친족형태가 어떠했는가에 따라 차이가 발생한다는 점이다. 부계제로부터 가부장제로 이행하는 경우는 부드럽지만, 모계제로부터 가부장제로 이행하는 경우는 커다란 저항이 생긴다. 다음으로, 그 둘 중 어느 쪽도 아닌 쌍계제는 때로 모계제와 닮고 때로 부계제와 닮아 있다. 따라서 그것은 가부장제로 부드럽게 이행할 수 있는 면이 있는 동시에 그것에 대한 저항이 남는 면도 있다. 따라서 친족형태는 다양한 형태를 취한다.

모계인가, 부계인가, 쌍계인가

일본의 경우를 두고 요시다 다카시는 이렇게 말한다. "고대 일본열도에는 아마도 다양한 형태의 친족조직이 병존하고 있었다고 상정되지만, 잔존하는 문헌사료의 대부분은 기나이畿內[메이지 이전, 황거(皇居) 근처의 다섯 직할지역] 지방을 중심으로 벼농작을 주된

생업으로 하는 사회에 관한 것들이다." "그러나 고대 일본어의 친족명칭이나 인세스트 터부[incest taboo](근친상간의 금기)로부터 추정되는 일반적인 친족조직의 존재방식은 쌍계적인 성격을 강하게 드러내고 있다."(『율령국가와 고대의 사회』, 1983)

다카무레는 '데릴사위 혼인'의 사례로부터 모계제가 존재했음을 증명할 수 있다고 생각했지만 야나기타는 그 주장에 찬동하지 않았다. 그는 무로마치 이전의 사회에 데릴사위 혼인이 있었을지라도 그것은 모계제가 아니라고 느끼고 있었다. 그러나 그는 다카무레가 그렇게 받아들였듯이 부계제(시집살이 혼인嫁入婚)가 선행한다고 주장했던 게 아니다. 야나기타는 「데릴사위에 관한 고찰」에서 부계제의 선행이라는 관점을 부정했었지만, 그렇다고 그것이 모계제가 선행했음을 가리키는 것은 아니라고 생각했었다. 물론 야나기타에게 쌍계제라는 생각은 없었다. 그러나 어떤 의미로는 쌍계제를 예상하고 있었다고 할 수 있다.[4]

- •
4. 하라 요우노스케는 타이의 농촌에 관해 다음과 같이 서술하고 있다. "타이의 친족구조는 남[자]계도 여[자]계도 아닌 쌍계제로, 농지의 상속은 원칙으로서 마을에 거주하는가 아닌가에 관계없이 남녀 균등분배이다. 그러나 현실에서는 마을에 있는 여자가 상속받는 일이 많다. 결혼하면 통상적으로 부부는 결코 데릴사위 혼인은 아닐지라도 아내의 양친 집 근처에 열대 고상(高床)식 가옥을 만들어 산다. 딸 부부는 결혼할 때 한 번에 전체 면적을 상속받는 것이 아니다. 그 때문에 아직 상속받지 못한 부모의 토지를 경작하고 수확물을 부모에게 건네는 것이 일종의 관례가 되어 있었다."(『아시아의 '농(農)', 일본의 '농'』, 2013) 이는 야나기타가 발견한 '데릴사위'라는 것이 다카무레가 말하는 모계제의 퇴락형태가 아니라 쌍계제에 근거하고 있음을 뒷받침한다.

많은 모계제 사회에서의 정치적인 권력은 실제로는 남자가 쥐고 있었다. 한편 쌍계제 사회에서는 남녀의 힘이 평등한 경우가 많다. 이를 보면서 원래 모계제가 있었다고 추정하는 것은 잘못이다. 예컨대 민속학자 미야모토 쓰네이치는 동일본에는 부계제, 서일본에는 모계제가 있다고 주장했다(『서민의 발견』, 1961). 이는 결국 다카무레와 같은 생각이며, 다만 동일본은 다르다는 것을 덧붙였을 따름이다. 다카무레는 문헌자료에 의거했기 때문에 필연적으로 자료가 많은 서일본을 중심으로 생각했다. 그런 까닭에 동일본은 다를지도 모른다. 아미노 요시히코는 『동과 서에서 말하는 일본의 역사』(1982)의 후기에서 "동쪽의 부계제에 대조되는 서쪽의 모계제라는 미야모토 씨의 대담한 지적이 강하게 인상에 남"았다고 썼다.

그런데 약 20년 뒤 아미노는 동일본에는 약간의 부계적 경향이 있다고 말하면서, 전체로서 일본사회는 쌍계제였다고 자신의 주장을 수정하고 있다(『'일본'이란 무엇인가』, 2000). 이 수정은 동남아시아의 인류학적 조사에 의해 초래됐던 것이다. 그런 경위를 되돌아보면 야나기타가 다카무레의 주장에 동조하지 않았던 것은 오히려 경탄에 값한다. 아마도 야나기타는 풍부한 민속학적 조사 경험을 통해 모계도 부계도 아닌 무언가를 감지하고 있었을 것이다. 실제로 그가 '집家[이에]'이나 '조상혼'에 관해 생각했던 상황의 많은 것들은 쌍계적인 것을 예상하게끔 한다.

4. '장場'으로서의 '이에家'

일본의 근저에 있는 쌍계제

야나기타는『선조 이야기』의 맨 마지막에서 정치가는 이해하
지 못할 것이라면서 정책 하나를 제언한다. 그것은 전쟁으로
죽은 젊은이들은 자식이 없으므로 선조가 되지 못할 것인바,
죽은 자들의 양자가 됨으로써 그들을 선조(초조初祖[첫 조상])로 삼
자는 것이었다. "새로이 국난에 몸을 바쳤던 이들을 초조로 삼은
집이 많이 생기게 되는 것도 다시 한 번 이 고유한 생사관을
진작시키는 하나의 기회일는지 모른다."

죽은 자의 양자가 되는 것이 '고유의 생사관'(고유신앙)과 관
계된다고 야나기타는 말한다. 그러나 그것은 선조숭배에서 일반
적으로 보이는 것이 아니다. 앞서 일본의 고유신앙의 특징으로
서 양자 혹은 결혼에 의해 결연했거나 집에 어떤 관계를 갖기만
한다면 조상신 속에 들여질 수 있다고 썼다. 그것은 아마도 쌍계
제와 관련되어 있을 것이다. 쌍계제 사회에서는 선조에 관한

154

관점이 단[일]계 사회와는 다르다. 단계제에서는 모계든 부계든 선조는 하나다. 그것을 표지로 하여 집단이 조직된다. 그런데 쌍계제에서는 출생이 어떠하든 그 사람이 지금 소속되어 있는 장이 중요하다. '이에家'가 그러한 장이다.

앞서 '공민의 민속학'에 관해 서술했듯이 야나기타는 오야·코オヤ·コ[부모·자식]를 노동조직으로 봤다. "자식에 의한 노동조직이 복종관계에 있었음에 반해 대등한 상호부조相助 조직이었던" 것이 "유이ユイ[結い]"이다(『향토생활의 연구법』). 지금도 오야붕·코붕親分子分[두목·부하]이라는 말이 남아 있지만, 그것은 노동조직을 의사擬似[모조]가족적인 것으로 인지하는 듯하다. 그러나 실제로는 그 반대다. 오야와 코는 본래 오야붕과 코붕을 뜻했다(「오야붕 코붕」). 아버지나 어머니는 우미노오야ウミノオヤ[낳은 부모·친부모(産みの親)], 즉 오야의 일종이다. 부모를 오야라고 부르는 것은 집을 노동조직으로 간주하는 것이다. 때문에 집은 혈연적인 것이라기보다는 노동조직이다. 조상혼에 관해서도 마찬가지로 말할 수 있다. 조상혼은 오야이며 자손은 코이지만, 서로가 반드시 피로 이어져 있을 필요는 없다.

일본에서 양자제도가 일반적으로 인정되고 있는 것은 그런 까닭에서다. 요시다 다카시는 이렇게 쓰고 있다. "일본의 사회 기저에 있던 쌍계적인 사회조직은 데릴사위에 의한 이에의 계승을 용이하게 하고 일본적 이에 제도를 낳은 기반이 되었다."(『율령국가와 고대의 사회』)[5] 이 양자제는 일본사회의 계층적 모빌

5. (역자주) 이 인용문 속에서 '家'는 가타카나로 "イエ"로 표기되어

리티[운동성·유동성]를 가능하게 했다. 도쿠가와 시대처럼 엄중한 신분제가 있었어도 그것을 양자 결연을 넘어서는 것은 쉬웠다.

예컨대 가츠 가이슈는 도쿠가와 시대 말기에 막부의 최고실력자였지만, 그 증조부는 니이가타의 가난한 백성으로 태어났고, 또 맹인이었으며, 맹인의 특권으로 허용됐던 금융업에 종사하면서 쇼군 직속의 하급무사 자리를 사서 무사가 됐던 인물이다. 야나기타는 다음과 같이 말하고 있다.

특히 재밌는 것은 에도에서도 오사카에서도 상가商家에 양자 제도가 번성했던 일로, 그 풍습은 오늘날까지 이어져 시골사람으로 사무에 능란한 자는 매년 지위가 올라가 대가 大家의 상속인이 됐다. 즉 이전의 상업이란 특별한 기량, 보통 이상의 인격을 요구했던 것으로서 자연스레 아들이 아니라 사위에게 상속시킬 필요가 생겼던 것이다. (「이에 이야기」

'이에'의 존속을 위해 "모계제"가 생겨났던 것이다. 그 경우에 실무적인 권력을 남자가 가졌음은 말할 것도 없다.[6]

있다. 이는 글자체를 달리하여 "이에"로 표기했고, 가라타니가 본문에서 그렇게 표기할 때도 마찬가지로 했다. 단, 가라타니가 "「家」"로 표기했을 때는 "'이에'"로, "家"로 표기했을 때는 "집"으로 옮긴다.

6. 칸토(関東) 대지진[1923. 9. 1] 이후 간사이(関西)로 이주했던 다니자키 준이치로는 오사카의 상[인]가에 전통으로 남은 모계제

그러한 모계제가 가능했던 것은 근저에 쌍계제가 있었기 때문이다. 쌍계제가 출생·혈연보다도 '이에'를, 바꿔 말하면 '사람'보다도 '법인'7을 우위에 둔 사고를 초래했던 것이다. 예컨대 중국에서 가족 구성원이 될 수 있는 것은 혈연에만 근거한 것으로, 양자 결연의 관념은 친숙한 게 아니다. 재산의 상속에 관해서도 균등분배가 일반적이다.

일본에서 장자 상속이 엄밀하게 법제화된 것은 1898년이지만 그런 경향은 가마쿠라 중기 이후에 퍼졌던 것이다. 그 이전에는 분할 상속이 일반적이었지만, 분할하면 재산이 축소되어버리므로 '이에'를 유지하기 위해서 장자 상속제가 채택됐던 것이다. 그러나 그것은 메이지 시대의 가부장제와는 다르다. 예컨대 야나기타는 최근까지도 막내 상속제도가 남아 있었음을 지적하면서 다음과 같이 말한다.

일본 각지의 어촌에도 그런 예가 있는데, 신슈 스와 등지

문화에서 그 자신의 마조히즘을 충족시킬 기회를 발견했다고들 말한다. 그러나 그것은 오사카만의 현상은 아니다. 에도에서도 커다란 상[인]가는 양자에 의한 모계제를 택하고 있었기 때문이다. 다만 메이지 이후, 도쿄 쪽이 변화가 더 컸다고 하겠다. 오사카의 상[인]가에는 남성이 실권을 쥐고 있었다. 그러하되 마조히스트란 현실적으로 우위에 있기에 오히려 여성에게 복종하는 것에서 쾌락을 발견하는 것이고, 그런 뜻에서 오사카는 다니자키 문학에 적합한 것이었다고 하겠다.

7. (역자주) 法人. 법률상으로 인격을 인정받음으로써 권리능력을 갖게 된 법적 주체.

에서도 새로 개척한 땅을 차례로 장남·차남에게 주었으므로 결국 막내자식이 자연스레 원래의 주택에 남아 있게 됐던 것이다. 따라서 한편에선 그것과 반대 순서로 차남 이하를 새로운 토지로 데리고 나가게 하는 일도 있었다. 즉 쌍방 모두 분할 상속의 한 가지 방법이었던 것이다. (『일본의 마츠리』)

막내 상속도 장자 상속도 분할 상속의 형태이다. 단, 새로운 개간지가 없어지면 일반적으로 장자 상속제가 채택된다. 그 경우에도 '장자'는 여성이나 양자라도 좋았다. 즉 일본의 경우 외견상 가부장제가 성립할지라도 그 근저에는 쌍계제가 존속하고 있다고 해야 할 것이다.[8]

그것은 근세 일본이 가부장제의 외양을 하고 있었음에도 여성이 강한 힘을 지녀왔던 이유를 설명해준다. 예컨대 여성은 주[인]ヌシ[누시(主)], 주인オカミ[오카미(御上)], 여사刀自(토우지) 등으로 불리면서 권위를 갖고 있었다. "여자는 약한 자라는 교훈이 있었지만 한편으로 주부만은 집 안에서 누시로 불려도 좋은 지위를

••
8. 예컨대 유대교는 명료하게 부계적이지만, 유대민족으로서는 모계적이다. 즉 진정으로 유대인이기 위해서는 어머니가 유대인이지 않으면 안 된다. 유대교는 민족과는 별개이다. 누구든지 유대교인이 될 수 있는 것이다. 그러나 민족으로서는 모계에 의해 이어지는 것이다. 아마도 그러한 "모계제"란 이산(디아스포라) 시대에 민족으로서의 출신을 보존하기 위해 채택되었을 것이다. 그것은 오사카의 상인가가 '이에'를 존속시키기 위해 모계제를 택했던 것과 본질적으로는 같은 것이다.

확보하고 남자 가족까지도 지도하는 일이 가능했다. 집이 작아
지고 그 권능도 작용하지 않게 되는 시대, 곧 남편이 화롯가에서
애쓰는 시대로 변함으로써 푸념과 한숨이 오카미 씨의 주업이
됐던 것으로, 그 이름은 우연히 자취를 남기고 있다."(『가한담家
閑談』)

주부가 일가를 건사仕切る[막다·셈하다·관리하다]했던 것은 이에가
노동조직이었기 때문이다. 그 경우 핵가족과 같은 것을 떠올려
서는 안 된다. 야나기타는 "일본의 예전 농업노동 조직이라는
것이 오늘날까지 흔히들 생각해왔던 것보다 훨씬 더 복잡한 합동
형식이었으며, 그것이 최근의 순수한 가족주의 혹은 타인과의
섞임 없는 개별 집집마다의 생산으로 이행해가고" 있다고 말한
다(같은 곳). 그러한 노동조직이 있기 때문에 그 속에서 주부가
오야로서 지휘봉을 휘두를 수 있었던 것이다. 따라서 여성이
힘을 가졌던 것은 모계제의 자취가 아니라 쌍계제의 결과이다.
한편, 노동조직이 아닌 무사의 집에서 주부는 힘을 갖지 못했다.
그리고 메이지 이후의 집에서는 무가의 존재방식이 표준화되어
있었다.

혈연과 관계없는 '선조'

나카네 지에는 『세로タテ[종적인] 사회의 인간관계』(1967)에서
다음과 같이 썼다. 사회집단의 구성원리로서 자격과 장場 두 가지
가 있다. '자격'은 개인을 둘러싼 일정한 속성이고 '장'이란 개인
이 속한 집단이다. 그 경우 일본인의 집단의식에서는 '자격'보다
도 '장'이 중시된다. 예컨대 개인의 기술이나 자격보다 어떤 집·

대학·사회에 속하는지가 중시된다. 거기서부터 '세로 사회'가 생겨난다는 것이다. 그러나 나카네는 그것이 어떻게 생겨난 것인지는 질문하지 않는다. 내 생각으로는 '장'을 우위에 놓는 사고는 쌍계제에서 유래한다. 그것은 포지티브한 측면과 네거티브한 측면을 함께 갖는다.

혈통보다도 '이에'를 중시하는 사고방식은 어떤 의미로는 사람들을 피의 속박, 신분계층의 구속으로부터 자유롭게 한다. 그러나 다른 한편으로 그것은 사람들을 오야에게 복종시킨다. 즉, 친부모보다도 '오야붕' 쪽이 소중한 것이다. 예컨대 유교에서는 '효'가 중시되고 '충'보다도 위에 놓인다. 그러나 일본에서는 효와 충이 싸우면 무조건 충이 우위에 놓인다. 그것이 반드시 효를 부정하는 것은 아니다. 충은 어떤 의미에서 오야(오야붕)을 향한 효이기 때문이다. 유교에서 부모에 대한 효는 공권력에 저항하는 원리가 될 수도 있다. 단, 일본의 유교에서 효는 공권력(오야)에 대한 복종을 정당화하는 것 이외에는 될 수 없다. 그런 뜻에서 일본에 본래적인 유교가 뿌리내리는 일은 없었다.[9]

쌍계제는 이에를 피의 연결로부터 독립시킨다. 이는 야나기

. .

9. 유교의 핵심은 '효'이지만 중국에서 그것은 가족이 국가에 대해 자립하는 것을 함의하고 있다. 때문에 화교가 그런 것처럼 국가를 넘어 가족의 연결이 확대된다. 즉 '효'는 개인이 국가로부터 자립하는 것을 가능케 하는 원리가 된다. 그러나 일본의 경우, 국가에 대항하는 '효'란 있을 수 없다. 국가는 개인에 대해 오야로서 드러나는 것이기 때문이다. 일본에서 유교는 공권력으로부터의 자립을 낳는 계기가 되지 못했다. 그것은 '이에' 혹은 공권력에 대한 복종을 설파하는 것이 되었다.

타가 말하는 고유신앙의 특성과도 관련된다. 고유신앙에서는 부계와 모계는 구별되지 않으며 둘 모두 선조로 간주된다. 나아가 그것은 그 둘을 단순히 선조에 넣는 데에서 머물지 않는다. 오히려 선조를 혈연과 관계없이 사고하는 것이 된다. 예컨대 피의 연결이 없어도 모종의 '연[因]緣' 혹은 '사랑[愛]'이 있다면 선조로 간주된다. 거꾸로 말하자면 양자제가 일반적으로 승인되었던 것도 그러한 선조관이 있었기 때문이다. 일본에서는 '먼 친척보다 가까운 타인'이라는 생각이 일반적이다. 그것은 조상혼에 대해서도 들어맞는 말이다. '가까운 타인'이 선조가 될 수 있는 것이다.

따라서 『선조 이야기』에서 야나기타가 전사한 젊은이의 양자가 됨으로써 그들을 초조[첫 조상]로 하자고 제창했던 일은 괴이하고 기발한 것이 아니었다. 본디 차남·삼남이 본가로부터 분가하여 초조가 되는 일은 흔했다. 중요한 것은 죽은 자를 기리는 자손이 있다는 것이고, 그것이 양자여도 상관없다는 것이다. 피의 연결이 없는 사람들이 오야·코 혹은 선조·자손이 되는 것은 희귀한 일이 아니다. 야나기타 자신이 야나기타 가에 들어간 양자로서 조상혼을 기렸던 것이다.

5. 오리쿠치 시노부와 야나기타 구니오

신토의 보편종교화

여기까지는 일본의 사회와 그 역사를 이해하기 위해 야나기타의 이론이 도움이 됨을 서술한 것이다. 그러하되 야나기타의 관심은 어디까지나 고유신앙에 있었다. 민속학은 그것을 탐색하는 방법에 다름 아니었다. 야나기타의 특이성은 그의 제자로서 마찬가지로 신토와 민속학에 대해 생각하고 있던 오리쿠치 시노부와 비교함으로써 분명해질 것이다. 야나기타와는 달리 오리쿠치는 패전을 전혀 예상하지 못한 채로 1945년 여름에 되어 이렇게 썼다.

쇼와 20년 여름의 일이었습니다. / 설마 종전의 비참한 사실이 시시각각으로 가까워지고 있었을 줄이야 생각지도 못하고 있었는데, 그러던 하루, 어떤 계시가 가슴에 떠오르는 느낌이라서 아연실색했습니다. 그것은 <u>아메리카</u>의 청년들이 혹여 저 예루살렘을 회복하기 위해 그리도 노력하던 십자군 속 그들 선조들의 정열을 갖고 이 전쟁의 승전을 위해 애쓰고 있는 것은 아닐까라는, 혹시 그렇다면 우리가 이 전쟁에서 이길 전망이라는 게 있을 것인가라는 조용한 반성이 일어났던 것입니다. (「신토의 새로운 방향」, 『오리쿠치 시노부 천황론집』, 2011, 밑줄은 원문)

실은 위의 '계시'란 오리쿠치 자신의 것이 아니다. 그는 다른 논문에서 이렇게 쓰고 있다. 종전 이전에 그리스도 목사 집단에 부탁을 받고 고전 이야기를 하러 갔을 때, 그들로부터 기기記紀[『고사기』·『일본서기』]에 나타나고 있는 이야기 속의 무언가가 구약 성서의 신화와 거의 같다는 말을 들었다. 나아가 그들로부터 "아메리카의 청년들은 우리들과 달리 이 전쟁에서 예루살렘을 회복하기 위해 일어난 십자군과 같은, 비상한 정열을 갖기 시작했을지도 모른다"라는 말을 듣고 "깜짝 놀랐다"고 쓴다(「신토 종교화의 의의」, 같은 곳, 밑줄은 원문).

패전 이후 오리쿠치의 종교론은 유대·그리스도교와의 유추, 특히 유대교의 기원에서 착상을 얻었던 것이다. 그는 일본의 패전을 '신의 패배'로 보았다. 그 결과 국가신토는 폐기되고 현인신現人神[아라히토가미]으로서의 천황이 부정됐다. 그때 오리쿠치는 다음과 같이 생각했다.

신께서 패배하셨다는 것은 우리가 종교적인 생활을 하지 않았다는 것, 우리들의 행위가 신에 대한 정열을 무시하고

신을 더럽혔기 때문에 신의 권위가 발휘될 수 없었다는
것을 말해준다. 즉, 신들에 대한 감사와 참회가 부족했던
것이다. 신의 그 패배를 생각하면, 신토의 신께서 가진 진정
한 힘을 설명하는 일은 불가능하다고 생각한다. 적어도
신을 최악의 구렁텅이로 떨어지게 했던 일에 대해서는 신에
봉사하는 우리들이 책임을 져야만 한다. (같은 곳)

   그렇게 말할 때 오리쿠치의 염두에 놓여 있던 것은 위와 같이
국가 멸망의 책임을 신이 아니라 인간에게서 구했던 바빌론 유수
捕囚 시기의 유대인이었다. 거기서 오리쿠치는 신토를 '민족교'로
부터 '인류교'로 바꾸지 않으면 안 된다고 생각했다. "신토는
보편화에 큰 노력을 기울여야만 한다. 이스라엘·이집트 지방에
서 일어난 신앙이 점점 더 퍼져나가 끝내 오늘의 그리스도교로까
지 될 수 있었듯이 신토 속에 있는 보편화해야 할 요소를 가능한
한 확장시켜가는 일은 중대한 것이다."(「민족교에서 인류교로」,
같은 곳, 밑줄은 원문)
   이것으로 분명해지듯이 전후 오리쿠치는 신토를 그리스도교
처럼 '인류교'로 바꿔가야 한다고 생각했다. "인류교와 민족교를
이야기하는 것은 다른 종교를 압도하려는 것이 아니다. 신토를
세계로 넓히는 일은 세계를 정복하려는 것이 아닌바, 그런 정복
의 사고는 선배 국학자들의 연구가 우연히 일부 사람들에 의해
극단적으로 해석되었기에 일어난 것이다."(같은 곳) 나아가 오리
쿠치는 말한다. "일본인은 선조신과 신을 결속시키려는 경향이
있는데, 그것은 잘못된 게 아닐까 한다."(「신토 종교화의 의의」)

이것이 야나기타에 대한 비판임은 말할 것도 없다. 오리쿠치는 신토로부터 민족종교적이고 선조신앙적인 측면을 제거하면 보편종교가 되리라고 생각하고 있었다.

유대교는 어떻게 호수적인 관계를 넘어섰던가

그러나 몇 가지 의문이 남는다. 첫째는 보편종교가 되기 위해서는 선조신앙을 부정해야 한다는 생각에 관한 것이다. 그런 생각은 일반적으로 존재하지만, 실은 그리 간단한 이야기가 아니다. 통상 선조신앙은 원시적 종교라고 여겨지지만 포르테스는 선조숭배에서 주술과는 다른 종교의 본질을 발견했다. "탈렌시 사회는 로버트슨 스미스가 『셈 족의 종교』에서 탁월한 직관력으로 묘사했던 '초기' 종교사회의 범례에 정확히 들어맞았다."(『선조숭배의 이론』) 로버트슨 스미스에 따르면 종교란 "알 수 없는 힘에 대한 막연한 공포로부터가 아니라, 숭배하는 자들과 강고한 친족관계의 끈으로 이어져 있는 이미 알려진 신들에 대한 애정 어린 숭배·존경으로부터" 시작됐던 것이다.

신이 인간을 사랑한다는 생각은 주술이나 자연신 신앙에서 유래하지 않는다. 때문에 그것은 선조신앙에서 유래할 수밖에는 없다. 물론 선조신앙이 그 자체로 보편종교가 될 수 있는 것은 아니다. 애초에 선조신앙은 한정된 씨족 사이에서만 존립할 수 있었다. 국가사회는 다수의 씨족신들을 넘어서는 초월적인 신을 필요로 한다. 신의 초월화는 동시에 사제·신관의 지위를 초월화한다. 신의 초월성은 전제국가의 성립과 함께 더욱 강화되며 세계제국에서는 그 극한에 이르러 '세계신'이 생겨난다.

하지만 그것이 보편종교인가 묻자면, 그렇다고 할 수 없다. 거기에는 '사랑'이 결여되어 있다. 즉 신이 인간을 사랑하는, 혹은 인간이 신을 사랑하는 그런 관계가 존재하지 않는 것이다. 셈 족의 종교, 즉 유대교에 그런 관계가 존재하는 것은 거기에 선조신앙이 회복되어 있기 때문이다. 물론 그것은 선조신앙 그 자체 그대로는 아니다. 거기서는 선조신앙이 말하자면 "고차원"적으로 회복되어 있는 것이다. 그런 까닭에 선조신앙을 부정하면 보편적으로 된다는 것은 착오이다.

그렇다면 어떻게 그런 일이 셈 족의 종교에서 가능했던가. 셈 족의 신과 같은 것은 오리엔트에는 얼마든지 있었다. 흔히 셈 족의 신에게는 '신과 인간의 계약'이 있었다고들 말한다. 하지만 그것은 부족의 연합체를 형성하면서 신 아래에서 서약하는 것이었으므로 셈 족에 한정되는 게 아니다. 그리스의 폴리스 또한 아폴론이나 아테네 같은 신과의 계약이라는 형태로 형성됐던 것이다.

그러한 계약은 호수적이다. 예컨대 사람이 신을 믿고 따르면 신 또한 사람을 돕는다. 그 반대도 성립한다. 따라서 신이 인간의 신앙에 대해 충분히 대갚음[보답]하지 않으면 신은 버림당한다. 예컨대 국가가 멸망하면 사람들은 신을 버린다. 많은 신들이 그렇게 버림당해왔다. 셈 족의 경우도 예외가 아니다. 이스라엘 왕국이 멸망했을 때, 많은 사람들이 신을 버렸던 것이다. 그런데 유다왕국이 멸망했을 때 바빌론의 포로가 됐던 사람들 사이에서 미증유의 사건이 발생했다. 사람들이 신을 버리지 않았던 것이다. 국가멸망의 책임을 신 쪽이 아니라 인간 쪽에 요구했던 것이다. 자신들의 신앙이 결여됐었다는 게 멸망의 원인이라는 것이다.

이 시점에서 신과 인간의 관계가 근본적으로 변했다. 이는 호수적인 관계가 초극되었음을 말한다. 인간이 신을 사랑하고 신이 인간을 사랑한다는 관계는 그때 비로소 생겨났다. 그것이 '신과 인간의 계약'이라고 한다면, 그것은 고대에서 시작됐던 것이 아니라 바빌론의 포로가 됐던 시기에 생겨난 일이다. 다만 그 일이 이후 편찬된 성서 속에서 바빌론 포로기보다 더 거슬러 올라가 모세 신화로 투사됐던 것이다. 어디까지나 중요한 전환점은 왕국의 멸망이라는 사건이었다.

오리쿠치는 선조숭배를 부정하고 교조教祖를 대망했다

오리쿠치가 일본의 패배=신의 패배라는 등식 속에서 신토의 재생, 아니 그보다는 신토의 보편종교화를 생각했을 때, 그가 유대교의 역사에 입각해 있었음은 명백하다. 그러나 오리쿠치가 말하는 것은 지적인 유추에 불과하다. 그는 다음과 같은 점을 놓치고 있다. 예컨대 바빌론 포로 시대에 사람들은 상업에 종사했었다. 그런 뜻에서 그들은 가나안의 정주농업사회로부터 유동민적인 사회로 되돌아갔던 것이다. 국가가 멸망했기 때문에 전제국가와 결속되어 있던 사제의 권력은 부정되었고, 결정은 사람들의 토의에 의해 행해지게 되었다. 그러한 세속적인 사회적 변화가 종교적 변화의 뒤쪽에 있었던 것이다. 즉 신과 인간의 관계가 변했던 것은 사람과 사람의 관계가 변했기 때문이다.

그런데 오리쿠치에게 종교는 신관의 것이었고 교의이론의

문제였다. 그가 새로운 신토의 이론을 설계했던 것도 그런 이유에서이다. 물론 그는 그것만으로는 부족하다는 걸 알고 있었다. 참된 변화를 가져오는 것은 신학자가 아니라 예언자와 같은 종교적 인격이다. 오리쿠치는 말한다. "종교는 자각자가 나오지 않으면 안 되는 것으로, 본문 주석 그대로 행해지는 게 아니다. 따라서 교조가 나오지 않으면 우리들이 바라는 종교가 나타나지 않으리라는 것은 당연한 일이다."(「신토 종교화의 의의」) 거기서 자신과 같은 학자가 할 수 있는 것은 그런 교조가 나타나길 기다리면서 그것을 준비하여 신학을 설립하는 일이었다. 교조가 나타나기 전에 신학체계를 정비한다는 것은 기묘한 생각이지만 오리쿠치는 다음과 같이 말한다.

불교도, 그리스도교도 그 자각자가 설립한 것이 아니라 그 자식이나 자손이 신학적으로 개조를 부가한 것이다. 그것은 우리들의 문화가 진전되지 않았을 때 앞서서 행해졌기에 존경되는 것이며, 천리교天理教 따위는 우리들의 문화를 뒤쫓아 왔기에 경멸되고 있는 것이다. 따라서 우리들은 그런 자각자가 나왔을 때에 그것을 설립해야 할 신학을 위하여 공부하지 않으면 안 된다.

일본의 신토에서 문제가 되는 것은 신토를 종교화하면 어떤 신이 나올 것인가라는 점이다. 신토가 일신교여야 하는가 다신교여야 하는가는 그 교조가 행해야 할 사안이지만, 우리들은 그것을 예측하기 위해 노력하지 않으면 안 된다. (같은 곳, 밑줄은 원문)

실은 그런 교조가 전후 일본에 출현했었던 적이 있다. 예컨대 "춤추는 종교"로 유명한 기타무라 사요가 그렇다. 나카야마 미키(천리교), 데구치 나오(대본교大本教)로 이어지는, 일개 농민이 교조가 되는 일들이란 어떤 의미로는 신토가 일본의 사회적 현실에 뿌리내린 종교적 활력을 가진 것임을 뜻한다. 그러나 오리쿠치는 그런 교파신토에는 관심을 갖지 않았다. 신토를 국가신토의 선에서 사고하고 있었기 때문이다. 그가 패전을 '신께서 패하셨던' 사태로 받아들였던 것은 그 신이 국가신토의 신이었기 때문이다.

오리쿠치는 거기서부터 '신토 인류교人類教화'를 생각했다. 그것은 신토로부터 선조숭배의 요소를 제거하는 일에 다름 아니었다. 새로운 신토를 '세계로 확장한다'고 오리쿠치는 말한다. 그가 말하는 '신토 인류교화'는 앞서 말했던 바빌론 포로 시기 유대교의 형성과정과는 비슷하지만 다른 것이다. 오히려 그것은 메이지 이후의 부국강병 정책으로는 패배했으므로 금후에는 '문화국가'로서 재출발하여 세계의 승인을 얻는다는 전후 일본국가의 방침과 유사한 것이었다.

오리쿠치가 '신토 인류교화'를 제창한 것이 아무런 영향력을 갖지 못했던 이유는 그것이 단지 이론적이었기 때문이 아니다. 오히려 이론으로서의 힘을 갖지 못했기 때문이다. 즉 그것은 신토의 보편종교화를 논한다면서도 예전에 보편종교를 출현시켰던 역사적·사회적 현실을 살피지 않고 그것을 그저 교의이론상으로서만 사고했다.

6. 고유신앙과 미래

신에 대한 두 종류의 신심

야나기타에겐 일본의 패배에서 '신께서 패배하셨다'고 느끼는 따위는 있을 수 없었다. 애초에 신은 전쟁 따위는 하지 않는다. 패배했던 것은 일본국이고 국가신토이다. 오리쿠치의 생각으로는 신토의 보편화란 선조신앙을 부정함으로써 가능해진다. 하지만 야나기타의 생각은 그 반대이다. 신토의 보편화는 선조신앙에 의해, 나아가 그것을 고유형태로 거슬러 올라감으로써 가능해진다. 언뜻 보면, 오리쿠치는 합리적으로 이해하기가 쉽다. 야나기타의 의견은 역설적이라서 불투명하다. 하지만 거기에 깊은 통찰이 있다. 예컨대 그는 다음과 같이 말한다.

적어도 신에 대한 두 종류의 신심, 즉 하나는 나이찬 남녀의, 장황한 소원을 줄거리까지 늘어놓아 신을 요동치게할 뿐인 열정으로 뒤엉킨 신심이며, 그것과 반대되는 다른 하나는 오로지 신의 조감照鑑[밝게 보살핌]을 의심 없이 신뢰하면서 신의 은덕冥助으로 자연스레 두터워질 것만을 기하는 신심이다. 다른 원인도 있겠으나 마츠리를 단지 화목하게 즐기는 연회로서 기쁘게 맞이하는 나날의 숫자가 훨씬 더 많은 것은, 그것이 선조교先祖敎의 남은 자취이기 때문인바, 이에 대해 한 걸음 더 나아가 말하자면, 그것은 인간이 저 세상에 들어간 뒤 어떻게 더 오래 삶을 영위할 것인지에 관하여 꽤나 확실한 상식을 키워온 결과일 거라고 나는 생각한다. (『선조 이야기』)

그가 말하는 '신에 대한 두 종류의 신심'은 베버에 의한 '신 예배Gottesdienst'와 '신 강제Gotteszwang'의 구별에 대응한다. 베버의 생각으로는 보편종교란 신 강제를 넘어선 곳에서 성립하는 것인바, 실제로는 지금도 신 강제가 집요하게 남아 있다. 예컨대 사람이 자신의 소원을 실현하기 위해 신에게 기도한다면 그것은 신 강제이다[호수성이라는 '신 강제'의 연관!; 베버와 D/X의 고차원적 회복]. 그런데 야나기타가 발견한 '신을 향한 신심神信心'에는 신 강제가 전혀 없다. 아무것도 하지 않아도 자신에게 신이 나쁘게 할 리가 없다고 사람들이 믿고 있기 때문이다.

그것과 비교하면 불교 쪽이 훨씬 더 신 강제적이다. 진호鎭護[난리를 평정하여 보호함]국가를 지향한 나라 헤이안 불교는 말할 것도 없지만, 개인의 성불이나 깨달음을 지향한 가마쿠라 불교 또한 사실상 신 강제적이라고 할 수 있다. 이에 반해 '오로지 신의 조감을 의심 없이 신뢰하면서 신의 은덕으로 자연스레 두터워질 것만을 기하는 신심'으로서, '마츠리를 단지 화목하게 즐기는 연회로서 기쁘게 맞이하는' 것과 같은 태도는 불교에서도 그리스도교에서도 거의 신앙의 지고한 경지인 것처럼 보인다.

혼히들 선조숭배는 미개하고 주술적인 것이며 이를 극복한 것이 보편종교라고 여긴다. 그러나 보편종교도 주술적일 수 있고 또 현실적으로도 그러한데, 신불神仏을 상대로 소원을 기원하는 것이 신 강제=주술이라면 말이다. 야나기타가 드러내 보였던 것은 신 강제의 요소가 티끌만큼도 없는 신앙이다. 나아가 거기에는 사제, 신관, 성직자 따위가 존재할 여지가 없다. 이 신앙은 '개인 각자의 신심'이 아니다. 하지만 역시 각자의 신앙이다. 그것은 다수의 개별적인 영[혼]이 하나로 융합하면서도 여전히 개별적인 채로 있으면서 제각각 개별적 자손들과 관계하는 것에 조응하고 있다.[10]

선조신앙은 어째서 그럴 수 있는가. 부계제 혹은 가부장제의 경우 선조신앙에는 적대성과 호수성의 요소가 남는다. 야나기타가 말하는 고유신앙에는 어째서 그런 요소가 없는 것인가. 앞서 나는 그 이유를 쌍계제와 관련된 것으로 서술했다. 그러나 좀 더 엄밀히 말하자면, 그것은 출생의 의한 조직화가 출현하기 이전의 유동민 사회에서 유래하는 것이다. 그렇기 때문에야말로

• •

10. 이는 니시다 기타로적으로 말하자면, '일즉다(一卽多)' 혹은 '절대 모순적 자기동일'이다. 참고로 니시다는 그러한 논리를 불교의 핵심에 대한 철학적 설명을 위해 생각해냈던 것이지만, 그 논리를 야나기타가 발견한 고유신앙에도 적용할 수 있다는 것은 그 논리가 보편종교적인 요소를 품고 있음을 보여준다.

고유신앙은 보편종교적으로 보이는 것이다.

현실의 조상혼 신앙에 입각했던 야나기타

1931년 이후 전쟁의 심화 속에서 야나기타는 현실적인 정책을 단념하고 '고유신앙'의 탐구에 전념했다. "일본신토의 원시형태를 전력을 다해 탐색"하고자 했던 것이다(『일본의 마츠리』). 하지만 그것은 단순히 선조신앙의 원형을 발견하는 작업이 아니라 거기서 보편종교를 발견하는 일이었다. 그에게 고유신앙은 먼 과거의 일이 아니라 오히려 도래할 사회의 것이었다. 또 고유신앙은 단순히 개인적 구제의 문제가 아니라 사회경제의 문제이기도 했다. 패전이 육박해왔던 때 야나기타는 1920년대에 기획했으되 좌절된 다양한 활동들을 전후에 재개하는 일에 대해 생각하고 있었다. 그것들을 파고들어 가면 고유신앙의 문제가 된다. 그렇기에 그는 『선조 이야기』를 썼다. 하지만 그것은 단순히 신토이론의 문제일 수 없다.

야나기타가 신을 조상혼으로부터 생각했음에 반해 오리쿠치는 '마레비토[まれびと(客人)]'라는 개념, 즉 신을 바깥에서 온 타자로 보는 사고를 제창했다. 그는 그것을 오키나와에서의 조사 경험에서 얻은 관점이라고 말한다. 야나기타는 오리쿠치와의 대담에서 그런 관점이 오키나와로 가기 전에 먼저 고전연구로부터 얻었던 것이 아닐까라고 말한다(『오리쿠치 시노부 대화집』, 2013). 그러나 나는 그것보다 더 이전에 유대·그리스도교로부터 얻었던 게 아닐까 한다. 이는 단순히 오리쿠치가 성서로부터 배웠다는 것을 뜻하지 않는다.[11] 예컨대 히라타 아츠타네는 한역 성서를

읽고 신토의 개혁을 행했다. 즉 신토에는 이미 불교나 유교만이 아니라 그리스도교가 침투해 있었던 것이다. 야나기타는 그러한 신토이론을 배척하고 있었다. 여기서 다시금 야나기타의 히라타 신토 비판을 인용한다.

> 고서 및 그 이외의 외부 재료를 취해 현실의 민간신앙을 가볍게 여겼던 점, 각 마을들에서의 신에 대한 현실적 사상을 충분히 대표하지 못했던 점에서 다른 많은 신토와 고급의 폐단을 나눠 갖는 것입니다. (…) 요컨대 신토의 학자라는 것은 부자연스런 새 논설을 토해내어 한 세상을 현혹시키는 자입니다. 결코 일본 신사神社의 신앙을 대표하고자 했던 것이 아닙니다.(「신토 사견」)

야나기타가 오리쿠치에게서 발견했던 것은 그것과 동일한 것이었다. 야나기타는 말한다. "기탄없이 말하자면, 오리쿠치 군이 생각하고 있는 것은 상당히 정교한 이론이므로 최초의 일본인이 그러한 것을 생각해내는 일이란 일조일석에 가능한 게 아니었으리라고 본다. 바꿔 말하자면, 어떤 단순한 영혼이 먼저인가

· ·

11. 무라이 오사무는 오리쿠치가 자신을 예수에 비기고 있다고 말한다. "오리쿠치가 자기를 신의 아들인 예수에 비기기도 했다는 것은 전중에서 전후에 걸친 『성서』 연구, 그리고 신토의 인류교(人類敎)화 구상이라는 고독한 작업이나 '인간을 깊이 사랑하는 신 있으니, 말하자면 다름 아닌 우리들 같은'이라는 한 수로부터도 말해질 수 있는 것이다." (『반(反)오리쿠치론』, 2004)

신이 먼저인가의 문제가 되는 것이다.”(『오리쿠치 시노부 대화집』) 여기서 단순한 조상혼이 먼저인가 신(마레비토)이 먼저인가와 같은 신학적 문제를 끌어내서는 안 된다. 문제는 “마을마다 있는 신에 대한 현실의 사상”에 입각하고 있는가 그렇지 않은가이다.

인도에서 ‘고유신앙’을 탐구했던 오로빈도

오리쿠치의 생각으로는 조상혼을 폐기하면 신토가 보편화된다. 그러나 그것은 ‘현실’과는 떨어져 따로 생각된 이론이다.[12] 거꾸로 야나기타가 하고자 했던 것은 마을마다 있는 현실의 조상혼 신앙에서 출발하여 거기로부터 고유신앙에 이르는 일, 나아가 거기서 보편종교를 투시하는 일이었다. 그런 것은 유례가 없어 보인다. 그러나 거의 동시대의 사상가 스리 오로빈도가 인도에서 행했던 것은 야나기타의 기획과 비슷하다고 말해도 좋다.

오로빈도는 간디에 앞서 영국으로부터의 독립운동을 이끌던 사람들 중 하나이지만, 오히려 그가 창시한 종교적 사상을 통해 알려져 있다. 인도에서의 힌두교는 일본에서의 신토와 비슷하

----

12. 오리쿠치는 제자이자 애인이던 후지이 하루미가 소집되어 이오지마(硫黃島)에 착임했을 때, 그를 양자로 삼았다. 하루미의 전사를 각오하고 있었을 것이므로[실제로 1945년 3월 19일 전사], 이 양자 결연은 야나기타가 『선조 이야기』에서 말한 제안을 실행했던 것이라고 할 수 있다. 그리고 그것은 야나기타가 말하는 고유신앙(조상혼 신앙)에 근거한 것이다.

다. 신토가 그때까지 존재했던 프리미티브한[원시적인] 종교를 불교, 유교, 도교에 근거해 체계화하여 만들어졌던 것처럼, 힌두교는 한편으로 불교에 근거하면서 토착적인 종교를 체계화했던 것이다. 그것은 결과적으로 불교를 흡수했다. 근대에는 그리스도교까지 끌어넣었다. 일본에서 신도학자가 그랬던 것처럼 말이다. 또 일본의 신토와 마찬가지로 힌두교는 내셔널리즘의 기반이 되었다.

한편 오로빈도는 당시의 힌두교로부터는 인도 독립의 정신적 기반을 구하지 않았다. 그것은 좀 더 보편적인 것이지 않으면 안 되었다. 하지만 그것을 위해 그는 불교나 그리스도교를 따라 힌두교를 '인류교'화하는 것이 아니라 고전 『베다』[고대 인도 바라문교(Brāhmana)의 성전]로 거슬러 올라가고자 했다. 거기에 인도적이면서 동시에 '보편적인 것'이 있다고 그는 생각했다. 그것은 생활 속에서 실천되어야 하는 것이며 '믿는다기보다는 살게 되는 것'이었다. 오로빈도가 구했던 것은, 모토오리 노리나가적으로 말하자면 인도에서의 '옛길古道'을 발견하는 것이었고 야나기타 구니오적으로 말하자면 고유신앙을 발견하는 것이었다.[13]

13. 오로빈도는 당시의 힌두교를 두고 '무지하고 관습화된' 것이며, 그것이 '어떤 종교인지를 이해하고 있는 사람은 거의 없다'고 말하고 있었다. 그러나 사람들은 오로빈도의 비판으로부터 결과적으로 '진정한 힌두교'를 만들어내게 된다. 그렇기에 오로빈도가 오늘날의 힌두교 원리주의에 책임이 있다고 비난하는 사람들이 있는 것이다. 야나기타에 관해서도 마찬가지로 말할 수 있다. 신토가 태곳적 옛날로부터 현재에 이르기까지 면면히 이어지는 일본 고유의 민족적 종교라는 설을 퍼지게 한 이로 야나기타를

그러나 야나기타는 일본의 고유신앙을 밝히고자 했으되 오로 빈도와는 달리 어디까지나 민속학자=역사가로서 그렇게 했다. 그것을 종교로서 이야기하는 일은 없었다. 그럼에도 그는 그것이 보편종교임을 확신하고 있었다. 하시가와 분조는 다음과 같이 쓰고 있다.

　　사코 준이치로의 회상에 따르면, 사코 자신이 그리스도교에 입신한 뒤에 비판받을 것임을 걱정하는 마음으로 그 사실을 야나기타에게 고했을 때, 그 입신에 대해 야나기타는 '그 일, 좋네'라며 오히려 축하의 뜻을 표하면서 이렇게 말했다고 한다. "너도 그리스도교를 선전할 거라면 나 같은 인간의 신앙을 바꿀 정도가 아니면 안 돼."

　　또 하루는 사코에 대해 "40일 정도까지는 어디쯤에 있을지 알지만, 그 이후는 알 수 없어"라고 말했던 일이 있다고 한다. 물론 사후 [영]혼의 행방에 관해서이다. (『야나기타 구니오론 집성』)

　　신토로부터 선조숭배를 제거하고 인류교로서 세계로 확장시키려는 발상은 야나기타가 가장 꺼려했던 것이었다. 메이지국가가 유럽의 교회건축을 흉내 내어 각지의 신사를 합병하고 거대화하려했던 것에 반대했듯이 말이다. 작은 것, 혹은 약한 것은 보편적인 것과 이반하지 않는다. 그러한 생각이 야나기타 사상의

　　비난하는 사람들이 있기 때문이다.

핵심에 있다. 강대한 것은 몰락한다. 어쩌면 야나기타가 공습경
보를 들으면서 『선조 이야기』를 쓰고 있던 때, 그는 그런 몰락의
광경이 육박해오고 있음을 느끼고 있을 것이다.

보론

두 종류의 유동론

1. 유동적 수렵채집민

순수증여와 호수적 증여

인류학자는 이제까지 이른바 미개사회를 다뤄왔다. 그것은 극히 다양한데, 수렵채집민의 표준적 밴드로부터 어업이나 육지의 물을 이용한 간단한 농업, 혹은 화전농업을 행하는 씨족사회를 포괄한다. 나아가 씨족사회도 단순한 수장首長 제도로부터 왕권에 가까운 권력을 가진 수장 제도까지 넓게 분포해 있다. 즉 이른바 미개사회에는 질적으로 다른 사회구성체가 포함되어 있기 때문에 그것들을 동일한 것으로 다루는 것은 불가능하다. 단, 거기에는 공통의 원리가 있다.

마르셀 모스는 그런 다양한 미개사회를 구성하고 있는 공통의 원리가 증여의 호수성互酬性[서로-갚음(상호교환성/상호상환성)](상호성)이라고 주장했다. 이 원리는 증여를 할 의무, 증여를 수취할 의무, 나아가 그것에 대해 되갚아줄[답례할(되돌려-줄)] 의무라는 세 가지로 성립된다. 모스 이전의 인류학자는 순수증여와 호수적

증여를 구별하고 있었다. 예컨대 부모가 자식을 보살필 때 그 일에 대한 장래의 변제[상환]를 기대하지는 않는다. 그것은 순수 증여이다. 그러나 모스는 순수증여라는 생각을 부정하고 증여란 모두 호수적이라고 주장했다. 예컨대 부모가 자진하여 자식을 보살피는 경우란 그럼으로써 만족을 얻는 일이므로 순수증여가 아니라 호수적 교환이라는 것이다.

이에 맞서 수렵채집민 사회를 고찰한 마셜 살린스는 어떤 의미로는 호수와 구별되는 순수증여를 만회하였다. 그것은 그의 말로 하자면 공동기탁(풀링[pooling]), 즉 생산물을 모두에게 평등하게 나눠 갖도록 하는 것이다. 공동기탁과 호수적 교환은 다음과 같이 구별된다. 공동기탁은 한 가구 내부, 혹은 공동체 내부에서의 행위이다. 한편, 호수적 교환은 한 가구와 가구 사이, 혹은 공동체와 공동체 사이에서 존재하고 기능한다. 즉 호수는 작은 가구 속에 있는 원리가 아니라 가구와 가구 사이를 넘어선 씨족 공동체, 나아가 씨족공동체를 넘어선 연대를 만들어내는 원리이다.

그러나 나는 호수의 원리가 유동적인 수렵채집민 단계에서는 존재하지 않았으며 정주 이후에 형성된 것이라고 본다. 살린스가 관찰했던 것은 정주적인 수렵채집민이지 유동적인 수렵채집민이 아니다. 예컨대 일본열도에 있는 아이누, 나아가 과거에 있었다고 간주되는 승문인(繩文人)은 정주적인 수렵어로채집민이다. 이를 살피는 것만으로는 정주 이전의 인류사회가 어떠했는지를 생각할 수 없다.

이를 감안하더라도 유동적인 수렵채집민 사회를 발견하는

일이란 불가능하다. 오늘도 유동적인 밴드 사회는 있지만 그것이 태고로부터 이어져온 것이라고 말할 수는 없다. 예컨대 칼라하리 사막에 있는 수렵채집민 부시맨은 원래부터 거기 있었던 것이 아니라 다른 부족에게 쫓겨 사막으로 도망쳐 들어간 것이라고 추정되고 있다. 현재 남아 있는 다수의 유동적 수렵채집민은 한 차례 정주하여 간단한 재배·사육을 행하고 있다가 문명=국가에 쫓겨 유동적 밴드로 '퇴행'했던 게 아닐까 생각되고 있다.

유동적 수렵채집민을 둘러싼 사고실험

그렇다면 정주 이전의 수렵채집민에 대해 생각하는 일은 어찌하면 좋겠는가. 마르크스는 『자본론』에서 화폐의 기원에 관해 실증적으로 확정하는 것은 불가능하며 그것을 생각하기 위해서는 '추상력抽象力'이 필요하다고 쓴다. 마찬가지로 정주 이전의 수렵채집민 사회가 어떤 것이었는지는 실증할 수 있는 문제가 아니라 '추상력'의 문제, 바꿔 말하자면 사고실험의 문제이다.

그 출발점은 현존하는 유랑적 밴드 사회의 관찰이다. 거기로부터 정주 이전의 수렵채집민 사회에 관해 어느 정도 추측할 수 있을 것이다. 관찰된 유랑적 밴드는 일부 복혼複婚[일부다처·일처다부]을 포함한 단혼 가족 몇몇이 모여 만들어진 것이다. 밴드의 응집성은 공동기탁이나 공식共食[제의에 바쳐진 공물을 함께 먹는]의례를 통해 확보된다. 하지만 밴드의 결합은 고정적이지 않으며 언제라도 밴드를 나갈 수 있다. 밴드는 대개 25~50명 정도의 소집단이다. 그 숫자는 식재료의 공동기탁(평등한 분배)이 가능한 정도 이상으로 증대되지 않으며, 또 공동으로 행하는 수렵이

가능한 정도 이하로 감소되지도 않는다. 또 밴드 그 자체가 고정적이지 않을 뿐만 아니라 가족의 결합도 고정적이지 않다. 남편 또는 아내가 동거생활을 이탈하면 부부는 해소된 것으로 간주된다. 그럴지라도 난혼이나 근친상간은 없다. 가족과 가족 사이의 관계는 좀 더 불안정하다. 때문에 친족조직은 발달하지 않으며 또 밴드를 넘어선 상위의 집단을 두지도 않는다.

물론 그러한 밴드 사회의 관찰은 역사적으로 유동적인 수렵채집민이 마찬가지로 그랬음을 증명하는 것은 아니다. 그러나 위와 형태가 정주 이후에는 있을 수 없는 것이라는 점은 분명하다. 그것은 수렵채집이라는 생산형태가 아니라 유동적 생존이라는 조건에 의해 강제된 것이라고 말해도 좋다. 수렵채집에 의해 얻은 수확물은 비참가자이든 손님이든 모두에게 평등하게 분배된다. 이는 그 사회가 수렵채집에 종사하고 있기 때문이 아니라 유동적이기 때문이다. 그들은 끊임없이 이동하기 때문에 수확물을 비축할 수가 없다. 때문에 그것을 소유하는 의미도 없으며 그렇기에 전원에게 균등하게 분배하고 마는 것이다. 이는 다름 아닌 '순수증여'이며 호수적이지 않다. 수확물을 축적하지 않는다는 것은 내일을 생각하지 않는다는 것이고, 또 어제를 기억하지 않는다는 것이다. 따라서 증여와 갚아줌이라는 호수가 성립하는 것은 정주하여 축적하는 일이 가능하게 됐을 때부터라고 할 수 있다. 그렇다면 정주 이전의 수렵채집민 사회에서는 공동기탁은 있지만 호수적 교환은 없었다고 해야 할 것이다.

2. 정주혁명

국가를 회피하는 호수제 원리

고든 차일드가 주창한 신석기혁명(농업혁명)이라는 개념은 지금까지도 지배적이다. 그것은 농업·목축이 시작되고 사람들이 정주하면서 생산력의 증대와 함께 도시가 발달하며 계급적인 분해가 발생하고 국가가 탄생했다는 견해이다. 여기서 우선 의심스러운 것은 농업에 의해 정주하게 됐다는 견해이다. 왜냐하면 정주는 그 이전부터 생겨나 있던 것이기 때문이다. 수렵채집민 또한 정주한다. 그들의 다수는 간단한 재배나 사육을 행하고 있었다. 그러나 그랬기 때문에 정주하고 있었다는 게 아니다. 재배나 사육은 그들이 정주한 결과로 자연스레 생겨난 것이다. 또 정주 이후에는 생산물의 비축, 토기 등의 기술적 발전이 가능해졌다. 즉 신석기문화는 정주에 의해 시작되는 것이다. 따라서 신석기문화는 농경이 없어도 존재했던 것이다. 예컨대 승문[새끼줄 무늬(삿무늬)]문화는 신석기문화이다.

물론 거기서 시작한 재배·사육이 농경·목축으로 발전할 가
능성은 있었다. 또 정주와 함께 생산물의 축적, 나아가 그것으로
부터 부와 힘의 불평등이 생길 가능성도 있었다. 그것은 조만간
에 국가의 형성에 이를 것이었다. 그러나 그렇게 되지 않았던
것은 정주하던 수렵채집민이 그것을 배척했기 때문이다. 그들은
정주는 할지라도 유동민 시대의 존재방식을 유지하기 위한 시스
템을 만들어냈다. 그것이 증여의 호수성인 것이다. 때문에 농
경·목축과 국가사회의 출현을 '신석기혁명'이라고 부르는 것이
라면 우리는 그것을 저지하는 것을 오히려 혁명이라고 불러야
할 것이다. 그런 뜻에서 그것을 나는 '정주혁명'이라고 부른다.

일반적으로 씨족사회는 국가형성 이전의 단계로 간주되고
있다. 그러나 오히려 그것은 정주화로부터 국가사회에 이르는
길을 회피하는 최초의 기획으로 봐야 한다. 그런 뜻에서 씨족사
회는 '미개사회'가 아니라 고도의 사회시스템이라고 할 수 있는
것이다. 그것은 우리에게 어떤 가능성을, 즉 국가를 넘어서는
길을 개시하는 것이 된다.

반복하자면, 그럼에도 정주화와 함께 집단의 구성원은 호수
성의 원리에 의해 결박당하게 되었다. 호수성이란 증여를 의무
로서 강제함으로써 불평등의 발생을 저지하는 것이었기 때문이
다. 물론 그것은 사람들이 상담하여 결정한 게 아니다. 그것은
말하자면 '신의 명령'으로서 그들에게 부과됐던 것이다. 그렇다
면 '신'을 들고 나오지 않고서 어떻게 그런 사정을 설명하면 좋을
까. 이 문제에 관해 시사적인 것은 프로이트의 『토템과 터부』
(1912~13)이다. 프로이트는 미개사회에서의 '형제동맹'이 어떻

게 형성되고 유지되는지의 문제를 고찰했다. 즉 그의 관심은 부족사회에서 씨족의 평등성·독립성이란 어떻게 획득되었는가에 있었다.

'억압된 것의 회귀'로서의 호수제

프로이트는 그 원인을 아들들에 의한 '원부原父 살해'라는 사건에서 발견하고자 했다. 말할 것도 없이 그것은 오이디푸스 콤플렉스라는 정신분석의 개념을 인류사에 적용한 것이다. 그러나 태고에 '원부'가 있었다는 견해는 프로이트의 독단이 아니라 다윈을 위시한 당시 학자들의 의견에 근거한 것이다. 그들은 고릴라 사회의 수컷으로부터 '원부'를 사고했던 것이다. 물론 그러한 이론은 오늘날의 인류학자에 의해 전면적으로 배척되고 있다. 따라서 프로이트의 이론도 배척되고 있다.

분명 태고에 '원부'와 같은 것은 존재하지 않는다. 그런 '원부'는 전제적인 왕권국가가 성립한 뒤의 왕이나 가부장을 씨족사회 이전으로 투사한 것이라고 해야만 한다. 하지만 그렇게 말하는 것으로 프로이트의 '원부 살해' 및 반복적 의례·제식이라는 견해가 가진 의의가 사라지는 것은 아니다. 프로이트는 씨족사회의 '형제동맹'적인 시스템이 왜 어떻게 강고하게 유지되고 있는 것인지를 질문했기 때문이다. 프로이트를 부정하는 자는 그 질문에 답하지 않으면 안 된다. 미개사회에는 호수성이 있다는 것은 답이 아니다. 어떻게 해서 호수성이 생겨났는가, 왜 그것이 사람을 구속하는 힘을 갖는가라는 질문에 답해야만 하는 것이다.

물론 유동적 밴드 사회에는 '원부'와 같은 것은 존재하지 않았다. 밴드의 결합, 가족의 결합은 취약한 것이었다. 그런 뜻에서 프로이트가 의거했던 이론은 틀린 것이다. 그러나 이렇게 생각하면 좋을 것이다. 정주화와 함께 계급과 국가가 생길 가능성, 즉 국가=원부가 형성될 가능성이 있었다. 토테미즘은 그것을 방해하기 위해 미리부터 '원부 살해'을 행하는 것이고, 또 그것을 반복하는 것이다. 그런 뜻에서 원부 살해는 경험적으로는 존재하지 않음에도 호수성에 의해 만들어지는 구조를 지탱하고 있는 '원인'인 것이다.

프로이트는 미개사회의 시스템을 '억압된 것의 회귀'로 설명했다. 그의 생각으로는 한 차례 억압되고 망각된 것이 회귀해 올 때, 그것은 단지 상기가 아니라 강박적인 것이 된다. 씨족사회에 관한 프로이트의 이론에서 회귀해오는 것은 살해당한 '원부'이다. 그러나 우리의 생각으로는 '억압된 것의 회귀'로서 돌아오는 것은 정주에 의해 잃어버렸던 유동성, 혹은 유동성이 가져오는 자유와 평등성이다. 그것은 호수성의 원리(이를 두고 나는 교환양식A라고 부른다. 교환양식 A~D에 관해서는 198쪽의 표를 참조)가 왜 강박적으로 사람들에게 작용하는지를 설명하는 것이다.

3. 두 종류의 노마드

농경과 목축은 원原도시에서 출현했다

반복하자면, 차일드가 제창한 신석기혁명(농업혁명)이라는 개념을 따를 때 농업·목축은 시작되며 생산력의 확대와 함께 도시가 발전하고 계급적인 분해가 발생하며 국가가 탄생한다. 농업의 발전과 함께 도시가 형성되고 국가가 형성된다는 생각은 오늘날까지도 지배적이다. 그러나 『도시의 경제학』을 쓴 제인 제이콥스는 그런 통념에 이의를 제기했다. 그녀의 생각으로는 사정은 그 반대로서 농업은 '원도시'에서 시작했던 것이다. '원도시'는 공동체와 공동체의 교역의 장으로서 시작했다. 거기서는 다양한 정보가 교환·집적되었다. 농경은 그 결과로 생겼다고 그녀는 말한다. 나는 그 가설을 지지한다.

농업이 발전하여 도시가 됐던 게 아니다. 반대로 농업은 원도시에서 발명되고 배후지로 넓혀졌다. 이렇게 생각하면 목축의 기원에 관해서도 수수께끼가 풀린다. 그것도 "원도시"에서 시작했던 것이다. 우메사오 다다오는 목축이 사육의 발전으로 일어났다는 생각을 비판했다(『수렵과 유목의 세계』). 목축의 대상인 양들 따위는 무리로 살아가는 동물이고 목축이란 그것들을 무리 그대로 장악하는 것이다. 따라서 그것은 말하자면 초원에서 발생했던 것이라고 우메사오는 말한다. 그러나 목축의 기술도 다양한 정보가 교환·집적되는 원도시에서 발명됐다고 생각해야 할 것이다.

농경과 목축은 원도시에서 출현했다. 이와 더불어 그것들의 분화, 바꿔 말하자면 농경민과 유목민의 분화가 생겼다. 유목민은 원도시를 나와 유동하게 된다. 그들은 어떤 의미로는 유동적 수렵채집민이 가지고 있던 유동성을 회복한 것이다. 그러나 그들은 수렵채집민과는 이질적이다. 유목은 농경과 마찬가지로 정주생활 속에서 개발된 기술이고, 또 유목민은 농경민과 분업 관계에 있기 때문이다. 그들은 농경민과 교역할 뿐만 아니라 상인으로서 공동체와의 사이에서 교역을 담당한다.

유목민이 국가를 형성한다

유동민 일반을 노마드라고 부른다면 그 속에는 농경민도 포함된다. 그것은 화전농민이다. 많은 경우 그들은 수렵채집도 행한다. 나아가 노마드 속에 유랑하는 상인이나 수공업자를 넣어도 좋다. 정주농경민의 관점에서 보면 노마드는 까닭 없이 기분 나쁜(왠지 모르게 공포스런) 존재이다. 정주농경민은 비농경민을 경멸하지만 그것에 의존할 수밖에 없다. 왜냐하면 그들과의 교역이 없으면 공동체의 자급자족적 경제가 성립될 수 없기 때문이다.

노마드 또한 정주농민의 삶의 방식을 경멸하면서도 동시에 다양한 의미에서 그것에 의존하고 있다. 이렇게 각종의 노마드가 교환양식C(상품교환)의 발전을 담당했던 것이다.

한편 유목민이 화전농민이나 유랑적 상인·수공업자와 다른 것은 때로 결속하여 농업민을 정복하고 종속시킨다는 점에 있다. 그럼으로써 국가가 형성됐다. 이 경우 국가를 형성하는 것은 단순한 폭력이 아니다. 그것은 복종하면 보호해준다는 형태의 '교환'이다. 나는 그러한 교환의 존재방식을 교환양식B라고 부른다. 그렇다면 유목민은 교환양식C와 더불어 교환양식B의 발전을 담당했다고 말할 수 있을 것이다.

통상적으로 국가는 농경공동체 혹은 도시 내부의 계급분열로부터 생겨난다고 설명되어왔지만, 국가는 내부만으로는 생겨나지 않는다. 호수(교환양식A)의 원리가 강하기에 절대적인 지배자가 출현할 수 없는 것이다. 때문에 기껏해야 수장제 국가밖에는 될 수 없다. 수장은 제1인자 정도에 해당되는 존재이다. 따라서 국가 혹은 왕권이 성립하기 위해서는 외부로부터의 정복이라는 계기가 불가결하다. 그것이 유목민이다. 그렇다고 해서 모든 국가가 정복에 의해 형성되는 것은 아니며 또 정복이 언제나 유목민에 의해 행해지는 것도 아니다. 단, 정복이 현실적으로 없을지라도 유목민에 대한 방위, 혹은 다른 국가의 침입에 대한 방위라는 동기가 수장제 국가를 집권적인 국가로 변용시킨다.

원도시란 어떤 뜻에서는 원도시=국가이다. 거기서 생겨난 농경·목축, 혹은 농경민과 유목민이 서로 어울려 국가를 형성했던 것이다. 유목민의 유동성은 따라서 유동적 수렵채집민의 그것과 비슷하되 다른 것이다. 유목민은 공동체 사이에 있고 상업이나 전쟁을 통해 공동체 속에 침투, 침입, 지배하기에 이른다. 유목민의 유동성은 교환양식으로 말하자면 A가 아니라 B와 C로 이끌리는 것이다.

나아가 유목민과 닮은 것으로서 산지민이 있다. 동남아시아 대륙부 및 중국 남부를 포함한, '조미아'로 불리는 영역의 산지민을 고찰했던 제임스 스콧은 산지민을 국가를 거부하고 도망갔던 사람들로 보았다(『조미아』). 그들은 원시적인 단계에 있는 산악 민족으로 간주되어 왔지만, 그렇지 않았다. 그들은 원래 평지에 있었고, 또 거꾸로 산지에서 평지로 향할 수도 있었다. 평지의 국가는 언제나 산지민 세계와의 상호관계 속에서 존재해왔던 것이다. 스콧은 그런 뜻에서 산지민이 유목민과 유사하다고 생각한다. 그러나 여기서 주의해야 할 점은 유목민과 마찬가지로 산지민은 수렵채집민이 가진 유동성을 회복하고는 있지만 수렵채집민과는 결정적으로 다르다는 것이다.

반복하자면, 유목민 일반을 노마드라고 부른다고 할 때 그 속에는 수렵채집 유동민, 유목민, 산지민(화전수렵민)이 들어간다. 또 유동성이라는 관점에서 보면 유랑하는 상인이나 수공업자를 넣어도 좋다. 정주농경민의 관점에서 보면 노마드는 까닭 없이 기분 나쁜 존재였다. 정주농경민은 비농경민을 경멸하지만 그것에 의존할 수밖에 없다. 왜냐하면 그들과의 교역이 없으면 공동체의 자급자족적 경제가 성립될 수 없기 때문이다. 노마드 또한 정주농민의 삶의 방식을 경멸하면서도 동시에 다양한 의미에서 그것에 의존하고 있다. 이렇게 각종의 노마드가 교환양식

C(상품교환)의 발전을 담당했었고, 또 자주 교환양식B, 즉 국가 형성에 관여해왔던 것이다.

노마돌로지로는 국가와 자본을 넘어설 수 없다

들뢰즈와 가타리는 『천 개의 고원』(1980)에서 노마드에 관해 논하면서 라이프니츠의 모나돌로지를 비틀어 노마돌로지라는 이름을 만들었다. 그들은 국가에 맞서는 전쟁기계라는 개념을 들고 나왔다. 그것이 국가 바깥에 있는 유목민이라는 이미지에 근거해 있음은 명백하다. 그러나 노마돌로지는 정주성이나 그것에 수반되는 영토성 및 규범은 넘어설지라도 국가와 자본을 넘어서는 원리는 아니다. 그렇기는커녕 국가나 자본을 비약적으로 확장시키는 원리이다. 예컨대 전쟁기계로서의 유목민은 국가를 파괴하지만 더 큰 국가(제국)를 만들어낸다. 자본도 마찬가지다. 예컨대 금융자본은 탈영토적인 것으로서, 영토화된 국가적 경제를 파괴한다.

미소 냉전체제가 흔들리기 시작했던 1970년대 이후 노마돌로지는 냉전구조를 해체하는 탈영토적·탈구축적인 원리로 주목받았다. 그러나 소련이 붕괴하고 자본주의의 글로벌리제이션이 생긴 1990년대 이후 그것은 '자본의 제국' 혹은 신자유주의를 정당화하는 이데올로기로 전화됐다. 예컨대 일본에서 노마돌로지가 '현대사상'으로서 유행했던 것은 1980년대의 버블경제 무렵이었다. 그때 그것은 래디컬한 사상으로 보였다. 국경을 넘어, 네이션을, 나아가 기업공동체를 넘어서는 것이었기 때문이다. 그러나 동시에 그것은 기업에도 환영 받는 사상이었다. 따라서 사회적 붐이 됐던 것이다.

1990년대에 들어오면 노마돌로지는 신자유주의의 이데올로기와 구별될 수 없게 된다. 국경을 넘고 네이션을 넘어 모든 곳에 침투하고 침입하는 자본을 긍정하는 것이기 때문이다. 그 결과로서 새로운 타입의 유동민이 출현했다. 예컨대 제트 족으로 불리는 비즈니스맨. 나아가 그것과 병행하여 나타난 홈리스. 이들 노마드는 물론 들뢰즈와 가타리가 생각하던 것과는 다르다. 그런 유동성에 의해서는 자본=네이션=국가를 넘어서는 일은 불가능하다.

그러나 자본=네이션=국가를 넘어서는 단서는 역시 유동성에 있다. 단, 그것은 유동민적인 유동성이 아니라 수렵채집민적인 유동성이다. 정주 이후에 생긴 유동성, 즉 유목민이나 산지인 혹은 유랑민의 유동성은 정주 이전에 있던 유동성을 진정으로 회복한 것이 아니다. 오히려 그것은 국가와 자본의 지배를 확장하는 것이다.

정주 이전의 유동성을 고차원적으로 회복하는 것, 따라서 국가와 자본을 넘어서는 것을 나는 교환양식D라고 부른다. 그것은 단지 이상주의가 아니다. 그것은 교환양식A(호수)가 그랬던 것처럼 '억압된 것의 회귀'로서 강박적으로 도래한다. 말하자면 '신의 명령'으로서. 따라서 그것은 최초에 보편종교라는 형태를 취하여 나타났던 것이다. 하지만 교환양식 그 자체는 종교가 아니다. 그것은 어디까지나 경제적인 교환의 형태인 것이다.

교환양식D에서 회귀하는 것은 무엇인가. 정주에 의해 잃어버렸던 수렵채집민의 유동성이다. 그것은 실제로 존재하는 것은 아니다. 하지만 그것에 대해 이론적으로 생각하는 것은 가능하다.

4. 야나기타 구니오

야나기타는 생애 전체에 걸쳐 정주 이전의 유동성에 몰두했다

일본에서 유동민에 주목했던 사상가로는 야나기타 구니오가
있다. 그는 초기부터 다양한 유목민을 고찰했다. 중요한 것은
그 경우 그가 두 종류의 유동성을 준별했다는 점이다. 우선 그는
'산인'의 존재를 주장했다. 산인은 일본열도에 먼저 살았던 수렵
채집민이지만 농경민에 의해 멸망당하고 산으로 도망갔던 자들
로 여겨진다. 다만 산인은 산민(산지인)과는 다르며 그 실재를
확정하는 것은 불가능하다. 그들은 많은 경우 덴구와 같은 요괴
로 표상되고 있다. 나아가 야나기타는 이동농업·수렵을 행하는
산민, 공예·무예를 포함한 예능적 유랑민에 주목했었다. 그러나
그는 그런 유동민과 산인을 구별하고 있었다. 즉 유동성의 두
종류를 구별했던 것이다.

후기의 야나기타는 관심을 유동민에서 정주농경민으로 향하
게 된다. 산인에 관하여 말하기를 그만뒀을 뿐만 아니라 예능적

유랑민에 대해서도 논하지 않게 됐다. 때문에 정주농경민과 국가를 넘어서는 시점을 버렸다고 비판받았다. 야나기타를 비판하는 이들은 상인·직인·예인과 같은 유동민을 중시하고, 거기서 정주농민에 의한 국가권력(천황제)을 넘어설 수 있는 계기를 발견하고자 했다. 그러나 그런 예능적 유동민은 산인과는 질적으로 다른 것이다. 유목민이 정주농민의 사회 사이에서 그것들을 교역을 통해 매개하고 때로 정주농민을 지배하는 국가를 형성하듯이, 예능적 유동민은 정주농민 공동체 사이에서 그것들을 매개함으로써 살아가며 다른 한편으로 정주농민을 지배하는 국가(왕권)와 직접·간접적으로 결속된다. 즉 그들은 한편으론 정주민에 의해 차별받는 몸이면서도 다른 한편으로는 정주민을 지배하는 힘을 가졌던 것이다.

야나기타가 정주농민(상민常民)에 의거했음을 비판하는 자는 필연적으로 유동성을 중시하게 되지만, 그들에게는 두 종류의 유동성에 대한 구별이 결여되어 있다. 그 중에서도 대표적인 비판자인 역사학자 아미노 요시히코는 천황제국가를 탈각하기 위한 기반으로서 다양한 예능적 유랑민을 발견했었다. 그러나 실제로 그 고찰은 그들 유랑민이 천황제와 직결되고 있음을 발견하는 것으로 끝난다. 이 아이러니에 수수께끼란 없다. 그것은 두 종류의 유동성을 구별하지 않았기 때문에 생겨난 것에 불과하다. 예능적 유랑민은 정주성과 그것에 수반되는 복종성을 거부하지만 다른 한편에서 정주민을 지배하는 권력과 연결되어 있다. 따라서 국가에 대항하는 근거를 그런 유형의 유동민에서 구할 수는 없다.

근본적으로 '국가에 대항하는' 유형의 유동민이란 다름 아닌 산인이다. 그러나 산인은 당초부터 실재한다고 말하기 어려운 존재였다. 산인의 존재를 주창했던 야나기타는 조소당했고 차츰 자기의 주장을 후퇴시키게 됐다. 하지만 결코 그것을 포기했던 게 아니다. 정주농민(상민)에 초점을 옮기면서 그는 '산인'의 가능성을 집요하게 추구했던 것이다. 최종적으로 그는 그것을 '고유신앙' 속에서 발견하고자 했다. 그가 말하는 일본인의 고유신앙이란 벼농작민 이전의 것이다. 즉 일본에 한정되는 것이 아니다. 그것은 가장 오래된 형태이면서 동시에 미래적인 것이다. 즉, 야나기타가 거기서 발견하고자 했던 것은 교환양식D였다.

A 호수 (증여와 답례お返礼)	B 재분배 (탈취와 재분배) (강제와 안도安堵[평안])
D X	C 상품교환 (화폐와 상품)

〈표〉 교환양식의 네 가지 형태

후기

　나는 약 40년 전에 야나기타 구니오론을 잡지에 연재했던 적이 있다. 그러나 그것을 책으로 출간하지는 않았다. 머지않아 고쳐 쓰겠다고 생각하면서도 모르는 사이에 시간이 지나가버리고 말았다. 야나기타에 대해 생각하는 일도 거의 없었다. 그런데 최근에 들어와 다시 생각하게 되었다. 그 계기가 몇 가지 있다.

　하나는 동일본 대지진에서 많은 이들이 목숨을 잃었던 일이다. 또 후쿠시마 원전 사고로 많은 사람들이 향리를 떠났고 금후에도 많은 이들이 목숨을 잃을 우려가 생겼다. 나는 원전 반대운동에 참가하게 됐지만 그것만으로는 정리되지 않는 느낌이었다. 그래서 야나기타의 『선조 이야기』를 읽었다. 그 책이 전쟁 말기에 많은 이들이 목숨을 잃고 망국이 필연적인 상황에서 작성된 것이었기 때문이다. 실은 이전에 한신 대지진 직후에도 그 책을 다시 읽었던 적이 있다. 야나기타가 전쟁 말기에 죽은 숱한 사람들을 염두에 두고 썼던 그 책이 매우 가깝게 느껴졌던 것이다.

다른 하나의 계기는 최근 나 자신의 이론적 관심에서 유래한다. 나는 2010년에『세계사의 구조』를 출판한 뒤에 그 속에서 충분히 쓰지 못했던 여러 문제들에 다시금 몰두했다. 그 중 하나가 유동민의 문제였다. 2012년 가을, 베이징에 체류하면서 청화대학에서『세계사의 구조』에 관해 강의했던 것 외에, 중앙민족대학에서 인류학자들을 앞에 두고 '유동민'에 관해 강연했다. 유동민(노마드)에는 다양한 타입들이 있다. 크게 구별하면 유동적 수렵채집민과 유동민이 있다. 그것들은 노마드로 동일시되기 쉽지만 근본적으로 다른 면이 있다.

내가 야나기타에 대해 다시 생각하게 됐던 것은 그런 강연들을 준비하던 때였다. 왜냐하면 특히 야나기타의 경우에 그 두 종류의 유동성이 커다란 수수께끼로 드러나기 때문이다. 예컨대 그는 초기에 '산인'(수렵채집민적 유동민)을 중시했었음에도 후기에 그것을 포기하고 정주농민에 초점을 맞추게 됐다고 간주되었다. 분명 그러하다. 그러나 그것은 야나기타가 산인적인 유동성을 부정했음을 말하는 게 아니다. 그가 부정했던 것은 유목민적·팽창주의적인 유동성이었다. 이 책『유동론』에서 내가 논했던 것은 그런 사정이었지만, 그것을 이론적으로 좀 더 명확히 하기 위해 중국에서의 강연 초고인「두 종류의 유동성」을 보론으로 덧붙였다. 독자들은 오히려 그 보론을 처음에 읽어주시길 바란다.

나는 이전부터 루쉰의 아우 저우쩌런이 야나기타의 저작을 번역하고 있었던 일, 또 루쉰 자신도 야나기타 민속학에 정통해 있었던 것을 지식으로서는 알고 있었지만, 중국에 체류하던 중에 루쉰을 읽으면서야 비로소 그 의의를 알아차릴 수 있었다. 또 야나기타에게 주목하고 있는 학생들과도 조우했다. 야나기타를 향한 관심이 일본 바깥에서 일깨워지게 됐던 것이다. 더불어 나는 우연히 『늑대 무리와 생활했던 남자』라는 책의 서평을 썼는데, 그때 야나기타가 오오카미[늑대]란 카미[신]로 여겨졌다고 말하는 데서 멈추지 않고 아직도 요시노의 산 속에 늑대가 서식하고 있다고 주장함으로써 물의를 빚은 일을 떠올리게 되었다.

마지막 계기, 그리고 최대의 계기는 애초 40년 전에 야나기타론을 썼던 그대로 놓아두고 있었던 것이다. 그 사이 몇 번이나 책으로 출간하자는 의뢰를 받았으나 거절해 왔다. 다시 읽을 기운도 없었던 것이다. 그런데 이 책의 초고를 어느 정도 끝마쳤을 무렵, 돌연히 기분이 변했다. 그것은 그것대로 좋다고 생각하게 되었다. 그리고 일체의 가필 없이 간행하기로 결정했다(『야나기타 구니오론』, 인스크립트, 2013). 이 과정에서 알아차렸던 것은 내가 야나기타론의 끝마무리를 계속해서 기다리고 있었다는 점이었다.

위와 같은 계기들이 있었음에도 실제로 야나기타론을 완성할 수 있었던 것은 귀국 후에 이야기 나눴던 문예춘추사의 하타노 붐페 씨, 니와 겐스케 씨 두 사람의 강한 지원이 있었기 때문이다. 우선 니와 씨가 편집하는 잡지 『문학계』에 연재하고 그것을 하타노 씨가 편집하는 문예춘추신서에 넣는 계획을 세웠다. 그것이 처음부터 끝까지 순조롭게 이뤄져 지금 여기에 이 책이 있게 되었다. 두 사람에게 깊이 감사하는 바이다.

2013년 9월 가라타니 고진

옮긴이 후기: 교환양식D와 신적인 것

이 저작에 근거하여 구성해볼 수 있는 적대의 구도들 중 하나
는 다음과 같다. "세계신" VS. "신의 명령". 이 특정한 적대의
몇몇 절단면과 그것들 간의 관계를 불충분한 채로나마 스케치하
는 것이 여기서 해볼 일이다.

1. 먼저, 세계신. "국가사회는 다수의 씨족신들을 넘어서는
초월적인 신을 필요로 한다. 신의 초월화는 동시에 사제·신관의
지위를 초월화한다. 신의 초월성은 전제국가의 성립과 함께 더
욱 강화되며 세계제국에서는 그 극한에 이르러 '세계신'이 생겨
난다." 전제국가과 함께 증강되고 세계제국에서 극한에 이르는
신, 세계신의 폭력, 초월적 사제권력. 그것은 보편적인 것이되
그 보편성은 일반화된 폭력-편재력을 향하는 것이므로, 저자가
말하는 '진정한' 보편성, 말하자면 '보편종교'적인 힘을 갖는 것
일 수 없다. 사제권력적 초월성이 보편종교적인 힘과 적대적인

폭력인 까닭은 그것이 근원적으로 "신과 인간의 계약"을 전제하고 있기 때문이고, 그 계약에 "'사랑'이 결여되어 있"기 때문이다. 「유대교는 어떻게 호수적인 관계를 넘어섰던가」라는 장에서 저자는 그런 계약을 정초하는 키워드로 "호수互酬[서로-갚음(상호상환)]"를 든다. "그러한 계약은 호수적이다. 예컨대 사람이 신을 믿고 따르면 신 또한 사람을 돕는다. 그 반대도 성립한다. 따라서 신이 인간의 신앙에 대해 충분히 대갚음[보답]하지 않으면 신은 버림당한다. 예컨대 국가가 멸망하면 사람들은 신을 버린다. 많은 신들이 그렇게 버림당해왔다." 그러하되 유다왕국이 멸망하고 바빌론의 포로가 된 이들은 신을 버리지 않았고, 그럼으로써 신과의 호수적 관계를 절단했다. 그때 그들은 "보편종교"의 실험자들이다. 그들은 "국가멸망의 책임을 신 쪽이 아니라 인간 쪽에 요구했"으며 "자신들의 신앙이 결여됐었다는 게 멸망의 원인"이라고 여겼다. "이 시점에서 신과 인간의 관계가 근본적으로 변했다. 이는 호수적인 관계가 초극되었음을 말한다. 인간이 신을 사랑하고 신이 인간을 사랑한다는 관계는 그때 비로소 생겨났다. 그것이 '신과 인간의 계약'이라고 한다면, 그것은 고대에서 시작됐던 것이 아니라 바빌론의 포로가 됐던 시기에 생겨난 일이다." 신과 인간이 맺는 계약의 문제는 오래된 현재의 문제이다. 왜냐하면 "신과 인간의 관계가 변했던 것은 사람과 사람의 관계가 변했기 때문"이라는 저자의 한 문장이 잔존하고 있기 때문이다. 신과 인간이 맺는 계약—호수적 관계의 초극, 그것은 저자가 "자본=네이션=국가를 넘어서는" 힘의 형태를 표현하기 위해 탐색하고 고안한 "교환양식D[X]", 곧 미지未知의 "X", 미지이기에 "실

험"과 실패의 변증을 지속적으로 요청하는 X로서의 교환양식D
가 다름 아닌 호수성에 기초한 씨족 사회의 "교환양식A"를 "고
차원적으로 회복하는" 과정/소송으로 규정되고 있는 것과 상통
한다. 전후, 유대교의 역사를 참조하면서 [국가]신토의 보편종교
화를 시도했으되 그것을 교조敎祖를 대망하는 일로 수렴시키고
신성을 전후 일본의 국가전략으로서의 '문화국가'론에 보조 맞
추게 했던 민속학자 오리쿠치 시노부가 놓치고 있는 것이 바로
그런 신과 인간 간의 계약 문제, 계약–호수적 관계의 절단이라는
문제계였다. "그[오리쿠치]는 다음과 같은 점을 놓치고 있다. 예
컨대 바빌론 포로 시대에 사람들은 상업에 종사했었다. 그런
뜻에서 그들은 가나안의 정주농업사회로부터 유동민적인 사회
로 되돌아갔던 것이다. 국가가 멸망했기 때문에 전제국가와 결
속되어 있던 사제의 권력은 부정되었고, 결정은 사람들의 토의
에 의해 행해지게 되었다. 그러한 세속적인 사회적 변화가 종교
적 변화의 뒤쪽에 있었던 것이다. 즉 신과 인간의 관계가 변했던
것은 사람과 사람의 관계가 변했기 때문이다." 정식화하자면,
'정주농업사회로부터 유동민적인 사회로'. 정주성으로부터 유
동성으로의 변화, 혹은 유동성의 [고차원적인] 회복, 상기, 복귀,
초극의 계기들 속에 저자는 민속학자=역사학자 야나기타 구니
오의 '산인'론–유동론을 배치하고 접속시킨다. 아래 한 단락을
표나게 들여 인용해 놓고는, "세계신" VS. "신의 명령"이라는
적대의 특정한 구도를 이루는 '신의 명령'에 대해 언급하기로
하자.

시바 촌에서 야나기타가 놀랐던 것은 '토지에 대한 그들의 사상이 평지에 있는 우리들의 사상과는 다르기 때문'이었다. 그에게 귀중했던 것은 그들 속에 남아 있는 '사상'이었다. 산민이 가진 공동소유의 관념은 유동적 생활로부터 유래한 것이다. 그들은 이민족으로 간주되지 않는다. 때문에 산인이 아니라 산민이다. 그러나 '사상'의 차원에서 산민은 산인과 같다. 야나기타는 그 사상을 '사회주의'라고 부른다. 그가 말하는 사회주의는 사람들의 자치와 상호부조, 즉 '협동자조'에 근거한다. 그것은 근본적으로 유동성과 분리되지 않는 것이다. 산민이 현존하는 것과 달리 산인은 발견되지 않는다. 그러나 산인의 '사상'은 확실히 존재한다. 산인은 환상이 아니다. 그것은 '사상'으로서 존재하는 것이다.

2. 초월적 사제권력 VS. '보편종교적' 신의 명령. "정주 이전의 유동성을 고차원적으로 회복하는 것, 따라서 국가와 자본을 넘어서는 것을 나는 교환양식D라고 부른다. 그것은 단지 이상주의가 아니다. 그것은 교환양식A(호수)가 그랬던 것처럼 '억압된 것의 회귀'로서 강박적으로 도래한다. 말하자면 '신의 명령'으로서. 따라서 그것은 최초에 보편종교라는 형태를 취하여 나타났던 것이다." 칸트가 말하는 '규제적 이념'의 자장 안에 놓인 '신의 명령'은 교환양식D의 벡터를 '회귀'와 '도래'의 성분을 띤 것으로, 보편종교적 힘의 형질을 띤 것으로 정초한다. "실험의 사학"이라는 방법과 태도를 한 번도 놓치지 않았던 야나기타는 산인적

유동성 혹은 "수렵채집민적 유동성"을 최종적으로는 '고유신앙' 혹은 '선조[조상혼] 신앙'에서 찾게 되며, 그것은 다름 아닌 보편 종교의 탐색 작업과 이어진 것이었다. "1931년 이후 전쟁의 심화 속에서 야나기타는 현실적인 정책을 단념하고 '고유신앙'의 탐 구에 전념했다. […] 그것은 단순히 선조신앙의 원형을 발견하는 작업이 아니라 거기서 보편종교를 발견하는 일이었다. 그에게 고유신앙은 먼 과거의 일이 아니라 오히려 도래할 사회의 것이었 다." 도래할 사회, 달리 말해 마르크스적 산파-게발트(Gewalt)에 의해 분만되는 새로운 사회에 야나기타의 고유신앙론-보편종 교론이 접촉한다.[1] 도래할 사회, 그것은 다시 한 번 호수적 관계를 중단시키는 힘의 형질로 드러난다. "야나기타가 말하는 고유신 앙의 핵심은 조상혼과 살아있는 자 간의 상호적 신뢰에 있다. 그것은 호수적인 관계가 아니라, 말하자면 사랑에 근거한 관계 이다." 이 책『유동론』의 마지막 문답은 다음과 같다. "교환양식 D에서 회귀하는 것은 무엇인가. 정주에 의해 잃어버렸던 수렵채 집민의 유동성이다. 그것은 실제로 존재하는 것은 아니다. 하지

— —

1. 『유동론』의 후속작으로 출간된 『세계사의 실험』에 나오는 다음 한 대목은 '마르크스-야나기타'라는 관점에 참조가 된다. "1973 년 무렵, 저는 문학 이외의 평론을 시도했습니다. 그 하나가 「마르크스 그 가능성의 중심」이고, 다른 하나가 「야나기타 쿠니 오 시론(試論)」입니다. 각기 잡지에 연재했던 것인데, 대상은 다르지만 거의 동일한 시기에 구상하고 준비했던 것입니다. 따라 서 그것들은 필연적으로 교착되고 있었습니다." 줄여 인용하자 면, "저는 「야나기타 그 가능성의 중심」을 쓰고자 했던 것입니다." (柄谷行人, 『世界史の実験』, 岩波書店, 2019, 4쪽, 9쪽)

만 그것에 대해 이론적으로 생각하는 것은 가능하다. […] 최종적으로 야나기타는 그것["산인의 가능성"]을 '고유신앙' 속에서 발견하고자 했다. 그것은 가장 오래된 형태이면서 동시에 미래적인 것이다. 즉, 야나기타가 거기서 발견하고자 했던 것은 교환양식D였다." 미지의 'X'로서의 교환양식D를 오래된 미래로 규정할 때, 그런 '사고실험'의 조건을 생각할 때, X는 생산양식의 발전사와 그에 따른 축적의 역사에 대한 철학의 비판력으로 발현한다. 그 철학, 그 비판력은 야나기타가 말하는 "공양"으로서의 고유신앙–보편종교론 속에선 야나기타 자신을 포함한 정복자들에 의해 닦달당하고 금압당했던 산인을 기억·상기·애도하는 일과 접촉하며, 그것은 교환양식A의 고차원적 회복으로서의 교환양식D의 형질을 이른바 '윤리'의 차원에서 다시 실험하게 하는 근거가 되어준다. 저자가 인용한 야나기타의 문장은 다음과 같다. "명예를 가진 영원한 정복자의 후예다운 위엄을 보존하면서 저 타키투스가 목이만인木耳蠻人·게르만인을 그렸던 것과 마찬가지의 뜻으로 그들의 과거에 임하고자 하는 것이다. 다행히 다른 어떤 날 한 권의 책을 완성할 수 있게 된다면, 그것은 어쩌면 좋은 공양이 되지 않을까 생각한다.(「산인 외전 자료」, 강조는 인용자)" 교환양식A의 고차원적 회복이라는 가라타니의 대안적 교환양식론이 보편종교론과 합성될 때, 가라타니가 베버 종교사회학의 용법 — "'신 예배Gottesdienst'와 '신 강제Gotteszwang'의 구별" — 을 빌어 '신[에 대한] 강제'의 계약연관을 무효화하는 '신 예배[모심]'의 힘을 선조(산인)에 대한 공양으로서의 야나기타적 고유신앙–보편종교론에서 확인할 때, 교환양식D라는 열린 X는 다시 한 번 신과 인간 간의 저 호수적 계약 연관과 그것의 절단이라는 적대의 문제계를 둘러싸고 다시 실험될 수 있지 않을까 생각해보게 된다. 여기 이 「후기」는 그런 실험의 한 가지 힌트를 얻어 작성된 것인바, 문제의식을 품고 이 책 『유동론』을 읽는 각자는 가라타니적 '실험의 사학' 곁에서 교환양식D/X라는 오래된 미래의 형질들 및 그것에 대한 사고실험의 목표들을 제각기 설정해볼 수 있지 않을까 한다.

2019. 9.
윤인로

| 참고문헌 |

赤坂憲雄, 『一国民俗学を越えて』, 五柳書院, 2002年.

赤坂憲雄, 『東北学/忘れられた東北』, 講談社学術文庫, 2009年.

赤松啓介, 『夜這いの民俗学』, 明石書店, 1994年.

網野善彦, 「中世における天皇支配権の一考察」(「史学雑誌」, 1972年 8月号 所収, 山川出版社).

網野善彦, 『東と西の語る日本の歴史』, 講談社学術文庫, 1998年.

網野善彦, 『蒙古襲来』, 小学館文庫, 2000年.

網野善彦, 『「日本」とは何か』, 講談社, 2000年.

子沢弘文, 『社会的共通資本』, 岩波新書, 2000年.

内堀基光・山下晋司, 『死の人類学』, 講談社学術文庫, 2006年.

ション・エリス, ペニ・ジュノ 著, 小牟回康彦 譯, 『狼の群れと暮らした男』, 築地書館, 2012年.

大塚英志, 『公民の民俗学』, 作品社, 2007年.

大塚英志, 『怪談前後』, 角川選書, 2007年.

岡村民夫, 『柳田国男のスイス』, 森話社, 2013年.

小熊英二, 『単一民族神話の起源』, 新曜社, 1995年.

折口信夫 著, 安藤礼二 編, 『折口信夫天皇論集』, 講談社文芸文庫, 2011年.

折口信夫, 『折口信夫対話集』, 講談社文芸文庫, 2013年.

川田順造, 「最初期の柳田を讃える」(「現代思想」, 2012年 10月 臨時増刊号 所収, 青土社).

菊地章太, 『妖怪学の祖 井上国了』, 角川選書, 2012年.

ジェムズ・C. スコット, 佐藤仁監 譯, 『ゾミア』, みすず書房, 2013年.

メルフォド・E. スパイロ 著, 井上兼行 譯, 『母系社会のエディプス』, 紀伊国屋書店, 1990年.

高群逸枝, 『招婚婚の研究』(『高群逸枝全集2』, 『高群逸枝全集3,』 所収, 理論社, 1966年).

坪井洋文, 『イモと日本人』, 未来社, 1979年.

坪井洋文, 『稲を選んだ日本人』, 未来社, 1982年.

中根千枝, 『タテ社会の人間関係』, 講談社現代新書, 1967年.

中野重治, 『五勺の酒・萩のもんかきや』, 講談社文芸文庫,, 1992年.

中村哲, 『柳田国男の思想』, 法政大学出版局, 1985年.

並松信久, 「柳田国男の農政学の展開」(「京都産業大学論集 社会科学系列」所収, 2010年).

ハインリヒ・ハイネ 著, 小沢俊夫 譯, 『流刑の神々・精霊物語』, 岩波文庫, 1980年.

橋川文三, 『柳田国男論集成』, 作品社, 2001年.

花田清輝, 「柳田国男について」(粉川哲夫 編, 『花田清輝評論集』所収, 岩波支庫, 1993年).

原洋之介, 『アジアの「農」日本の「農」』, 書籍工房早山, 2013年.

平岩米吉, 『狼—その生態と歴史』, 築地書館, 1992年.

マイヤ・フォテス 著, 田中真砂子 編譯, 『祖先崇拝の論理』, ぺりかん社, 1980年.

マルク・ブロック 著, 井上泰男・渡邊昌美 譯, 『王の奇蹟』, 刀水書房, 1998年.

松崎憲三, 「二つのモノの狭間で」(「現代思想」, 2012年 10月 臨時増刊号 所収, 青土社).

三浦佑之, 「オオカミはいかに論じられたか」(「現代思想」, 2012年 10月 臨時僧刊号 所収, 者土社).

宮崎学, 『「自己啓発病」社会』, 祥伝社新書, 2012年.

宮本常一, 『庶民の発見』, 講談社学術文庫, 1987年.

村井紀, 『間島イデオロギの発生』, 福武書店, 1992年.

村井紀, 『反折口信夫論』, 作品社, 2004年.

村上信彦, 『高群逸枝と柳田国男』, 大和書房, 1977年.

本居宣長 著, 村岡典 嗣校訂, 『玉勝間』上・下, 岩波文庫, 1987年.

柳田国男・田山花袋 編校訂, 『近世奇談全集』, 博文館, 1903年.

柳田国男・中野重治, 「文学・学問・政治」(対談)(「展望」, 1947年 1月号 所収, のちに 筑摩書房, 宮回登 編, 『柳田国男対談集』, に収録, ちくま学芸文庫, 1992年).

柳田国男, 『定本柳田国男集』, 筑摩書房, 1962年~71年.

柳田国男, 『柳田国男全集』, 筑摩書房, 1997年~

柳田国男, 『柳田国男全集』, ちくま文庫, 1989年~ 91年.

柳田国男・南方熊楠, 『柳田国男・南方熊楠往復書簡集』, 平凡社ライブラリ, 1994年.

吉田孝, 『律令国家と古代の社会』, 岩波書店, 1983年.

吉本隆明, 『共同幻想論』, 角川文庫, 1982年.

吉本隆明, 『マス・イメジ論』, 福武書店, 1984年.

吉本隆明, 『超資本主義』, 書店, 1995年.

| 야나기타 구니오 연보 |

※ 이 연보는『정본 야나기타 구니오 집集』,『정본 야나기타 전집』,『야나기타 구니오 문예론집』,『야나기타 구니오 전傳』,『야나기타 구니오 사전』등을 참조하여 일본의 편집자가 만든 것을 축약하여 옮겼다. 주요 역사적 사건과『유동론』에 언급되고 있는 야나기타의 글은 굵게 강조했다.

년도	나이	내용	논문, 강연, 저작
1875	0	7월 31일, 효고현 출생. 원래 성씨는 마츠오카이고, 마츠오카 집안은 대대로 의사였다.	
1879	4	쓰지가와의 쇼분昌文小學校에 입학.	
1883	8	소학교 졸업. 가사이 군 호조마치의 고등소학교에 입학. 일가가 모두 호조마치로 이주.	
1885	10	고등소학교 졸업. 이 해에 대기근의 참화를 목격.	
1887	12	8월말 제국대학 의과대에 재학 중이던 셋째형 이노우에를 따라 상경. 이후 이바라기현에서 개업한 큰형의 허락을 얻어 함께 거주.	
1888	13	몸이 아파 학교를 가지 않고 큰형의 지인이 소장하고 있던 책을 남독(濫讀)하며 지냄.	
1889	14	큰형 집에서 양친과 두 아우와 함께 지냄. **대일본제국헌법 발포.**	
1890	15	셋째형과 함께 지냄. 그의 소개로 모리 오가이를 알게 되고 감화를 받음.	

1891	16	셋째형이 졸업의 대학의 조수 겸 개업의가 됨. 중학교 졸업자격증을 위해 가이세 중학교에 편입. 게엔파 가인의 문학가 되고 거기서 다야마 가타이를 알게 됨.	
1893	18	9월 제1고등학교 입학. 기숙사에 들어감.	
1894	19	**청일전쟁 발발.**	
1895	20	『문학계』에 신체시新體詩를 발표하기 시작함. 이 무렵 시마자키 도손을 알게 됨.	
1896	21	어머니 사망. 폐질환으로 1년간 요양.	
1897	22	4월 『서정시』(구니키다 돗포, 다야마 등과 공저)를 출간. 7월 제1고 졸업. 도쿄제대 법과대학 정치학과에 입학. 농정학자 마츠자키 구라노스케에게 사사.	
1898	23	가을, 장티푸스로 입원.	
1900	25	대학 졸업. 농상무성 농무과에서 근무. 대학원을 다님. 9월부터 와세다대학에서 농정학을 강의.	
1901	26	5월 대심원판사 야나기타 나오히라의 양자로 들어감.	
1902	27	2월 법제국 참사관으로 취임. 8월 오카야마현 여행.	『최신 산업조합 통해通解』
1903	28		**『근세 기담 전집』**(다야마와 공저, 28세)
1904	29	2월 **러일전쟁.** 3월 요코스카의 보호심 검소평정관(檢所評定官)이 됨. 하세가와 장관의 비서가 되어 규슈의 곳곳에 출장.	「**증농**中農**양성책**」
1905	30	1월 미토 및 나라에서 산업조업에 관해 강연. 농상무성 촉탁으로 후쿠시마현 곳곳을 시찰하면서 산업조합 관련 강연을 함. 에이치현 산업조합협회 회의에서 산업조합중앙회대표로 출석하여 산업조합 간의 연합 문제에 대해 강연.	
1907	32	산업조합 강연회에서 '삼창제도'에 관해	

		강연. 산업조합에 관한 강연은 일본 곳곳에서 행함.	
1908	33	궁내宮內 서기관 겸임이 됨. 규슈, 히로시마, 시코쿠를 여행. 미야자키현의 시바 촌에 감.	
1909	34	장녀 출생. 8월 도호쿠로 여행을 떠나고, 처음으로 도노를 방문함.	「큐슈 남부지방의 민간풍습」「텐구 이야기」「산민의 생활」『후수사기』
1910	35	6월, 내각서기관 기록과장에 취임. 한일병합에 관한 법제 작성에 관여. 한일병합. 대역사건.	『석신石神문답』『도노 이야기』『시대와 농정』
1911	36	미나카타 구마구스와 서신 교환. 한일병합 법제 작성의 공로로 훈장을 받음.	
1912	37	프레이저의『황금가지』를 읽기 시작함. 메이지 천황 사망.	
1913	38	법제국 서기관 겸임. 3월 잡지『향토 연구』를 창간.	「무녀고巫女考」「산인 외전 자료」
1914	39	4월 귀족원 서기관장이 됨. 제1차 세계대전.	『산도山島 민담집』「미나카타 씨의 서간에 대하여」
1915	40	대례사大禮使 사무관이 됨. 교토에서 다이쇼 천황의 대례를 봉행. 이에 어친제伊勢御親祭를 봉행.	
1916	41	오리쿠치 시노부가 처음으로 찾아옴.	
1917	42	러시아 혁명.	「산인고」
1918	43		「신토 사견」「이에 이야기」
1919	44	이 무렵 섬에 관한 지리·풍속風誌를 자주 읽음. 수상水上 생활자에 관심을 가지고 각지를 견문.	
1920	45	동경 아사히신문사 객원이 됨. 기행을 집필. 오키나와를 여행(그 견문을 「해남소	『적소총赤小塚 이야기』『신을 도운 이야기』

		기」로 동경 아사히신문에 연재)	
1921	46	1월 오키나와의 섬들을 돎. 5월 국제연맹 위원회의 위원회의 통치위원에 취임. 제네바에서 9월부터 10월까지 관련 일에 종사.	「세계고와 고도고」
1922	47	1월 위임통치에 관해 발언. 국제연맹에서의 일에 대해 발언. 아사히신문 논설위원이 됨. 5월 다시 제네바 행. 가는 길에 에스페란토어를 공부.	『향토 연구』 25집 『제례와 세간』
1923	48	유럽 각지를 여행. 11월 귀국. 자택에서 민속학에 관한 제1회 담화회를 개최. 국제연맹 위임통치위원을 사임. **간대지진.**	
1924	49	요시노 사쿠조와 함께 아사히신문사 편집국 고문 논설담당이 됨. 선거 연설 응원을 위해 요시노 함께 미야기현을 순회. 게이오 의숙 대학 문학부 강사가 되어 매주 1회 민간전승에 관한 강의를 시작함(~1924. 3).	「국제노동 문제의 일면」「섬들의 이야기」 (『섬의 인생』)
1925	50	5월 와세다대학에서 '농민사史' 강의를 시작함. 이후 2년간 지속. 11월 잡지『민족』을 창간(이후 격월간).	「청년과 학문」「남도 연구의 현상[태]」「향토 연구라는 것」(세 글 모두 『청년과 학문』에 수록)「산에 파묻힌 인생의 어떤 일」『해남소기』
1926	51	깃촌카이(옛날이야기 연구의 모임)를 시작함. **다이쇼 천황 사망.**	「도호쿠 연구자에게 바란다」『섬 이야기』『일본농민사』『산의 인생』
1927	52	7월 민속예술의 모임이 결성됨.	
1928	53	1월 잡지『민속예술』『여행과 전설』을 창간. 12월 제1회 방언연구회를 개최.	『설국의 봄』『청년과 학문』
1929	54	잡지『민족』휴간.	「데릴사위에 관한 고찰婿入考」

			『도시와 농촌』
1930	55	잡지 『향토』 창간. 9월 신문사 논설위원을 사임.	「도호쿠와 향토 연구」 『데릴사위에 관한 고찰婿入考』
1931	56	9월 잡지 『방언』을 창간. **만주사변.**	『메이지·다이쇼사史 세태편』
1932	57		『구전문예 대의大義』 『일본의 예술』 『추풍첩秋風帖』 『여성과 민간전승』
1933	58	잡지 『섬』을 공동발간. 자택에서 매주 목요일 '민간전승론'을 강의하기 시작함. 이는 이후 일본민속학회 담화회가 됨.	「늑대의 행방」 『모모타로桃太郎의 탄생』 『작은 것의 목소리』
1934	59		『일본의 옛날이야기』
1935	60	7월 말부터 일주일간 일본청년회관에서 일본민속학 강습회를 개최. 『민간전승』 제1호를 간행.	『민간전승론』 『실험의 사학』 『국사와 민속학』 『향토생활의 연구법』
1936	61	전국의 옛날이야기 수집에 몰두.	『지명地名의 연구』 『산의 신과 오코제[바보, 못생긴 사람]』
1937	62	도호쿠제국대학, 교토제국대학에서 '일본민속학' 강의. **중일전쟁 시작.**	「오야붕 코붕」
1938	63	쇼와연구회에서 교육개조론에 관해 이야기함. 셋째형이 귀족원 의원이 됨.	『옛날이야기와 문학』
1939	64	12월 일본민속학 강좌에서 '제례와 고유신앙'을 주제로 12회 강연. **제2차 세계대전 시작.**	『목면 이전의 일』 『국어의 장래』 『호원狐猿 수필』
1940	65	일본방언학회 창립, 초대 회장이 됨.	『민요 각서』 『누이妹의 힘』
1941	66	1월 아사이문화상 수상. 도쿄제대 교양부 주최 교양특수강의로서 5회에 걸쳐 '일본	「민속학 이야기」 『콩잎과 태양』

		의 마츠리'를 강의. 7월 '신토와 민속학' 강연. **태평양전쟁 시작.**	
1942	67	'대정익찬회의 집 위원회'에서 '이에 이야기'를 강연함.	『**아이들 풍토기**』『**일본의 마츠리**』
1943	68	대정익찬회 씨족 위원회에 출석. 지방에서 선조가 된다는 것에 관한 이야기를 들음. 이것이 『선조 이야기』의 재료가 됨.	『**신토와 민속학**』 『옛날이야기 각서』
1944	69	국제전기통신 강습회에서 '선조 이야기'를 강연함.	『탄소 일기』
1945	70	미군, 이오지마에 상륙. 종군하고 있던 오리쿠치의 제자 오리쿠치 하루미를 생각함. 3월 『웅속가전기(熊俗家伝記)』를 읽음. 노부시野武士(산에 숨어 패잔병 등의 무기를 빼앗아 생활하던 무사) 문학을 쓰고 싶었고 그것이 『선조 이야기』 집필의 계기가 됨. 8월 15일 종전의 조칙을 듣고 「감격 부지不止」를 씀.	
1946	71	쇼와 천황 및 그 가족에게 국어교육 문제를 상주함. 7월 추밀고문관이 됨. 이후 일본국헌법, 황실, 교육 관계 법안의 심의에 관여함. 11월 추밀원 황실관계법안위원회의 심의원 어전회의에 참석. **일본국헌법 발포.**	「제네바의 기억」 『웃음의 본원』 『**선조 이야기**』 『**가한담**家閑談』
1947	72	추밀원의 학교교육기본법안에 관한 위원회에 출석. 자택의 서재를 민속학연구실로 삼고, 매월 2회의 연구회를 개최. 4월 추밀원 최종회의에 참석. 6월 홋카이도 대학에서 '어떻게 재건할 것인가'를 주제로 오키나와에 대해 강연함. 8월 오키나와문화협회 발회식에 참석. **일본국헌법 집행.**	「문학·학문·정치」 (나카노 시게하루와의 대담) 『**산궁고**山宮考』 『씨족신과 씨족』
1948	73		『마을들의 모습』『결혼 이야기』
1949	74	2월 국립국어연구소 평의원이 됨. NHK '신토의 시간'에 오리쿠치 시노부와의 대담 「신토의 원시형[태]」가 방영됨. 돌아가신 아버지의 53주기를 기념해 「혼의 행방」	『기타코우라北小浦 민속지』

		을 집필.	
1951	76	11월 문화훈장 수여. **샌프란시스코 강화조약 조인.**	
1953	78	2월 국립국어연구소 평의회 회장이 됨.	『불행한 예술』
1954	79	5월 「바다 위의 이주」를 연구, 발표.	
1956	81		『요괴 담의談義』
1957	82	12월 자서전 구술을 시작(이후 『고향 70년』으로 간행).	
1959	84		「고향 70년 보유」 『고향 70년』
1960	85	**미일안보조약 개정.**	「쥐의 정토」
1961	86		『바다위의 길』
1962	87	『정본 야나기타 구니오 집集』 간행이 시작됨. 8월 8일 사망.	

| 주요 인명 소개 |

가와다 준조(川田順造, 1934~). 문화인류학자.

가츠 가이슈(勝海舟, 1823~1899). 무사, 정치가.

구니키다 돗포(国木田独歩, 1871~1908). 소설가, 시인, 저널리스트, 편집자.

기쿠치 노리타카(菊地章太, 1959~). 종교사학자. 전공은 비교종교사.

기타무라 사요(北村サヨ, 1900~1976). '천조황대신궁교(天照皇大神宮教)'의 교조.

나미마츠 노부히사(並松信久, 1952~). 농학자, 사상사 연구자.

나카네 지에(中根千枝, 1926~). 사회인류학자.

나카노 시게하루(中野重治, 1902~1979). 프롤레타리아 문학의 거두, 소설가, 시인,
  평론가, 정치가.

나카무라 마사나오(中村正直, 1832~18191). 계몽사상가, 교육자, 문학박사.

나카무라 아키라(中村哲, 1912~2003). 정치학자, 헌법학자, 참의원의원.

나카야마 미키(中山美支, 1798~1887). 종교가, '천리교' 교조.

다야마 가타이(田山花袋, 1872~1930). 소설가.

다카무레 이츠에(高群逸枝, 1894~1964). 시인, 민속학자, '여성사학'의 창설자.

데구치 나오(出口なお, 1837~1918). 종교가, '대본교' 교조.

도리 류조(鳥居龍藏, 1870~1953). 인류학자, 민족학자, 민속학자, 고고학자.

마츠우라 다츠오(松浦辰男, 1844~1909). 가인.

마츠자카 겐조(松崎憲三, 1947~). 민속학자. 전공은 민속종교론·현대민속론.

무라이 오사무(村井紀, 1945~). 근대사상 연구자, 평론가.

무라카미 노부히코(村上信彦, 1909~1983). 작가, 여성사 연구자, 평론간, 의사.

미나카타 구마구스(南方熊楠, 1867~1941). 박물학자, 생물학자, 민속학자.

미야모토 쓰네이치(宮本常一, 1907~1981). 민속학자, 농촌지도자, 사회교육가.

미야자키 마나부(宮崎学, 1945~). 평론가, 소설가, 논픽션 작가.

미우라 데츠타로(三浦銕太郎, 1874~1972). 평론가, 동양경제신문사 주간, 평론가.

미우라 스케유키(三浦佑之, 1946~). 일본문학자. 전공은 고대문학·구비전승문학.

미즈노 시게오(水野成夫, 1899~1972). 실업가, 후지TV 초대사장.

미키 기요시(三木清, 1897~1945). 철학자.

사사키 기젠(佐々木喜善, 1886~1933). 민속학자, 작가, 문학자.

쓰보이 히로후미(坪井洋文, 1929~1988). 민속학자.

아미노 요시히코(網野善彦, 1928~2004). 역사학자. 전공은 중세일본사.

아사노 아키라(浅野晃, 1901~1990). 시인, 국문학자.

아카마츠 게이스케(赤松啓介, 1909~2000). 민속학자.

아카사카 노리오(赤坂憲雄, 1953~). 민속학자.

야마시타 신지(山下晋司, 1956~). 문화인류학자.

오리쿠치 시노부(折口信夫, 1887~1953). 민속학자, 국문학자, 국어학자.

오오츠카 에이지(大塚英志, 1958~). 작가, 국제일본문화연구센터 연구부 교수.

오자키 오츠미(尾崎秀実, 1901~1944). 평론가, 저널리스트, 공산주의자, 소련 스파
이.

오카무라 다미오(岡村民夫, 1961~). 프랑스문학자·문화학자.

요시노 사쿠조(吉野作造, 1878~1933). 정치학자, 사상가.

요시다 다카시(吉田孝, 1933~2016). 역사학자. 전공은 일본고대사.

요코이 도키요시(横井時敏, 1860~1927). 농학자, 농업경제학자.

우메사오 다다오(梅棹忠夫, 1920~2010). 생태학자, 민족학자, 정보학자, 미래학자.

우와자 히로후미(宇沢弘文, 1928~2014). 수리경제학자.

우치호리 모토미츠(内堀基光, 1948~). 문화인류학자, 민속학자.

이노우에 엔료(井上円了, 1853~1919). 불교철학자, 교육학자.

이시다 에이치로(石田英一郎, 1903~1968). 인류학자, 민속학자, 남작.

이시모타 쇼(石母田正, 1921~1986). 역사학자, 유물사관을 통한 고대사 및 중세사
연구.

이시바시 단잔(石橋湛山, 1884~1973). 정치가, 교육자. 저널리스트.

하나다 기요테루(花田清輝, 1909~1974). 작가, 문예평론가.

하라 요우노스케(原洋之介, 1944~). 경제학자.

하시가와 분조(橋川文三, 1922~1983). 평론가, 정치학자, 정치사상사 연구자.

하시우라 야스오(橋浦泰雄, 1888~1979). 민속학자, 사회주의운동가, 화가.

후지이 하루미(藤井春洋, 1907~1945). 국문학자, 가인.

히라이와 요네키치(平岩米吉, 1989~1986). 동물학자.

히라타 아츠타네(平田篤胤, 1776~1843). 국학자, 신토가, 사상가, 의사.

| 초출 일람 |

제1장, 『문학계文學界』, 2013년 10월호,
제2장, 『문학계』, 2013년 10월호,
제3장, 『문학계』, 2013년 11월호,
제4장, 『문학계』, 2013년 12월호에 「유동론 ─ 산인과 야나기타 구니오」로 연재.
보론은 신작.

● 가라타니 고진 柄谷行人 Karatani Kojin(1941~)
일본을 대표하는 세계적인 사상가, 비평가. 지은 책으로 『일본근대문학의 기원』,
『트랜스크리틱』, 『세계사의 구조』, 『철학의 기원』, 『자연과 인간』, 『제국의 구조』,
『헌법의 무의식』, 『유동론』, 『나쓰메 소세키론 집성』, 『문학론 집성』, 『세계사의
실험』 외에 다수가 있다.

● 윤인로 尹仁魯 Yoon Inro(1978~)
총서 '신적인 것과 게발트' 기획자. 지은 책으로는 『묵시적 / 정치적 단편들』, 『신정-정
치』, 『「폭력 비판을 위하여」의 행간번역』(근간) 등이 있고, 옮긴 책으로는 『국가와
종교』, 『이단론 단장』, 『파스칼의 인간 연구』, 『윤리 21』(공역), 『선의 연구』 등이
있다.

유동론

초판 1쇄 발행 | 2019년 10월 18일

지은이 가라타니 고진 | 옮긴이 윤인로 | 펴낸이 조기조
펴낸곳 도서출판 b | 등록 2003년 2월 24일(제2006-000054호)
주소 08772 서울특별시 관악구 난곡로 288 남진빌딩 302호 | 전화 02-6293-7070(대)
팩시밀리 02-6293-8080 | 홈페이지 b-book.co.kr | 이메일 bbooks@naver.com

ISBN 979-11-89898-11-3 03150
값 | 18,000원